Dieses Buch ist für dich, wenn...

- du in deinem Leben vor großen Herausforderungen stehst und Anregungen suchst

- du eine medizinische Diagnose erhalten hast, die dich erschreckt hat

- dein Leben durch Missbrauch von einer Person, der du vertraut hast, auf den Kopf gestellt worden ist

- du Zuversicht suchst, dass auch schwierige Widrigkeiten überwunden werden können

- du Mut suchst, dich dem zu stellen, was auf dich zukommt

Was die anderen sagen

„Wenn das Leben dir Zitronen gibt, mach Limonade daraus." Dieses Zitat, da bin ich sicher, haben viele von Ihnen gehört, gelesen oder gesagt bekommen, wenn Sie mit den Widrigkeiten des Lebens konfrontiert waren. Persönlich glaube ich, an manchen Tagen mehr als an anderen, dass das Leben nicht so einfach ist. Es treibt uns und alle um uns herum an, täglich zu wachsen und es dabei in all seiner Komplexität und Unvorhersehbarkeit zu respektieren und anzunehmen.

Dieses Buch ist ein Zeugnis für das Leben und den Kampf, der darum geführt wird – ein Buch, das mit großer Offenherzigkeit geschrieben ist und praktisch nichts ungesagt lässt. Als Mutter hat mich Marys Geschichte besonders bewegt und inspiriert, da ich nur allzu gut weiß, wie sehr meine Kinder mich brauchen und was ich tun und ertragen würde, um sicherzustellen, dass ich so lange wie möglich für sie da bin. Aber, um es ganz deutlich zu sagen: dies ist nicht nur ein Buch für Mütter, sondern ebenso für Menschen, die kämpfen, an sich glauben, den Lauf der Dinge verändern und träumen; ein Buch, das dazu ermutigt, die Zitronen zu hinterfragen, die das Leben so oft großzügig an jeden von uns verteilt, ein Buch, das dazu anregt, noch einen Schritt weiter zu gehen, ein Buch, das uns ein Gefühl von Gemeinschaft und Zugehörigkeit in unsicheren Zeiten vermittelt.

Dame Tessy Antony de Nassau
Unternehmerin, Philanthropin und Mutter

Was die anderen sagen

Ein eindringliches, fesselndes Zeugnis menschlicher Widerstandskraft im Angesicht mehrfacher Lebenserschütterungen.

Jane McLelland
Preisgekrönte Autorin des Bestsellers *Den Krebs aushungern, ohne selbst zu hungern*, die nach einer Diagnose von Krebs im letzten Stadium bereits 26 Jahre lebt

Ich denke daran, was es bedeutet, den Druck abzulassen, der aus dem Zurückhalten einer traurigen Wahrheit resultiert, im Gegensatz zum Abstreifen der Fesseln unseres Traumas, und dabei kommt mir das Wort Freiheit in den Sinn. Im Leben stehen wir vor der Wahl, nach minutiöser Betrachtung unserer Erfahrungen zu entscheiden, ob wir unsere Zukunft durch unsere Vergangenheit bestimmen lassen oder ob wir uns entschließen, nach unseren eigenen Bedingungen zu leben. Marys Reise betrifft nicht nur eine der persönlichen Entscheidungen, die ein Leben voller Hoffnung, Freude und Kraft ermöglichen, sondern auch eine Entscheidung für Freiheit von Missbrauch, um so zur Protagonistin ihrer eigenen Geschichte zu werden. Dieses Buch hat mich bewegt und mich daran erinnert, warum ich immer sage, dass ein Trauma zwar unser Fundament sein mag, aber nicht unsere Zukunft ist.

Michael Anthony
Kindesmissbrauch-Überlebender und Autor von
Think Unbroken (Denke ungebrochen)

Was die anderen sagen

Als Überlebende von sexuellem Missbrauch in meiner eigenen Kindheit hat mich Marys Reise sehr berührt. Ich bin überzeugt, dass dieses Buch das Herz vieler von uns erreichen wird. Wir müssen gesehen und gehört werden, nachdem die Angst uns zum Schweigen gebracht hatte. Mary gibt nicht nur ihrer eigenen Geschichte eine Stimme, sondern sie spricht auch für alle diejenigen von uns, die allzu lange Opfer waren. Der Mut und die Stärke, die in diesem Buch dargestellt sind, werden vielen Menschen Hoffnung geben, dass ihr Leben besser werden kann und dass sie nicht durch das, was mit ihnen passiert ist, definiert sind.

Cali Poulain

Kintsugi ist die japanische Kunst, zerbrochene Artefakte und Schätze zu reparieren. **Grausam verraten** *ist ein wunderbarer Schatz in Gestalt einer Autobiographie. Die Philosophie hinter dieser Art der ‚Reparatur' besteht darin, ein zerbrochenes Kunstwerk mit Sorgfalt zu behandeln und zu reparieren, um ihm zusätzliche Stärke und Schönheit zu verleihen. Diese Reparatur und die Heilung werden zu einem Teil der Geschichte und des Wertes des Werks. Eine zerbrochene Vase wird nicht weggeworfen. Eine Reparatur und Ausbesserung beginnt mit der Verwendung von Gold ... nicht mit dem Verstecken der Risse!*

Grausam verraten *betrachtet die Bruchstücke einer tragischen Kindheit und die Auswirkungen komplexer Traumata. Dieses sorgfältig geschriebene Buch* *bezeugt die Widerstandsfähigkeit des menschlichen Geistes. Der Wert, die Inspiration und die Bedeutung dieses wundervoll reparierten Lebens sind geradezu ein Geschenk für alle, die dieses Buch lesen.*

Mary erkundet sorgfältig die Bruchstücke ihres Lebens auf verletzliche, realistische, oft verstörende Weise in goldenen Worten. Dieses Buch fördert aktiv den Heilungsprozess und hilft Opfern sexuellen Missbrauchs, zu Überlebenden zu werden.

Eine überzeugende, realistische und turbulente Suche, um außergewöhnliche Traumata zu durchbrechen, Schmerzen zu lindern, Vergebung zu finden und zu heilen. Es ist mehr als die Autobiographie einer starken und belastbaren Frau: Das Werk verkörpert Wahrheit, Vergebung, Heilung und Selbstermächtigung.

Marys Geschichte und ihre Fähigkeit, ein realistisches Bild von Missbrauch zu zeichnen, haben mich verändert. Dies ist das erste Mal, dass ich die Angst und Hoffnungslosigkeit eines missbrauchten Kindes verstehen konnte. Es ist eine Geschichte von Überleben und Beziehung. Sie ist nicht nur in der Lage, Überlebende zu verbinden und zu inspirieren; das Lesen dieses Buches wird anderen helfen, das Trauma, das Kindesmisshandlung, sexueller Missbrauch und familiäre Verletzungen verursachen können, wirklich zu verstehen.

Kimberly King
Preisgekrönte Autorin, Trainerin und eine Autorität auf dem Gebiet der Prävention von sexuellem Missbrauch

Was die anderen sagen

Kimberly ist die Verfasserin des vielfach empfohlenen Kinderbuches zur Verhinderung von sexuellem Missbrauch mit dem Titel *Ich hab Nein gesagt! Eine Anleitung von Kind zu Kind, damit der Intimbereich intim bleibt.*

Sie bietet Online-Präventionskurse für Eltern unter www.kimberlykingbooks.com an. Ferner hat sie ein Buch für Kinder geschiedener Eltern verfasst: *Wenn deine Eltern sich scheiden lassen: Eine Anleitung von Kind zu Kind für den Umgang mit Scheidung.*

EIN WORT DER AUTORIN

Dieses Buch war nicht geplant. Dieses Buch wurde durch Zufall verfasst. Dieses Buch wurde unter schwerwiegenden, bis heute andauernden widrigen Umständen geschrieben. Die folgenden Kapitel mussten offenbar abgefasst werden, damit der Prozess der emotionalen Heilung beginnen konnte. Dass diese Seiten in kurzer Zeit sozusagen von selbst entstanden sind, hat mir zu verstehen gegeben, dass sie sich seit Langem in mir entwickelt haben. Jetzt sind sie so weit, dass ich sie zu Papier bringen und mich endlich von ihnen freimachen kann.

Meine Krebsdiagnose zwang mich dazu, mich meinen Dämonen zu stellen. Durch meinen Krebs musste ich meinem Leben in die Augen sehen und mich meinen schlimmsten Ängsten stellen. Der Ablauf der Ereignisse hat mich zu der Ansicht gebracht, dass unser Schicksal einfach eine logische Konsequenz der Grundlagen ist, die unsere Eltern vor langer Zeit in unserer Kindheit gelegt haben.

Es ist dieses Fundament, das unsere Lebensentscheidungen noch viele Jahre später beeinflusst. Angesichts meiner eigenen Sterblichkeit erkannte ich, was im Leben wirklich wichtig ist, welche Menschen ich nicht in meiner Nähe haben möchte und wen ich wirklich in meinem Leben brauche. Ich habe erkannt, dass dieses Leben flüchtig ist und es keine Garantien gibt. Es könnte alles viel zu schnell vorbei sein. Ich bin erst 37 Jahre alt, und doch habe ich schon mehr Härten ertragen müssen als die meisten Menschen in meiner Umgebung. Ist das nichts weiter als eine Pechsträhne? Ist es der natürliche Lauf der Dinge, bestimmt durch die Grundlagen, die meine Eltern mir gegeben – oder in meinem Fall: nicht gegeben – haben?

Als mir gelang, dieses Buch ohne größere Anstrengungen zu verfassen, wurde mir klar, dass ich dringend für mich selbst sprechen und einstehen musste. Ich musste mich befreien von all dem Negativen, das mich von innen heraus aufzehrte. Ich musste für mich selbst Gerechtigkeit finden, da ich niemanden sonst hatte, der dies für mich, für das kleine Mädchen in mir tun würde. Ich brauchte das Gefühl, eine Stimme zu haben, die gehört würde, laut und deutlich.

Als ich Seite um Seite schrieb, verstand ich, dass meine gesamte Lebensgeschichte einem roten Faden folgt, den ich nicht erkannt hatte, bis ich Kapitel um Kapitel aufschrieb. Sind die Menschen, die wir im Leben treffen, einfach zufällig dort? Ziehen wir bestimmte Typen von Menschen in unserem Leben an? Hat ihr Auftauchen im Laufe unseres Lebens einen tieferen Sinn, den wir erst zu einem späteren Zeitpunkt erkennen? Der wesentliche Zweck dieses Buchs war für mich therapeutisch. In dieser Hinsicht war die Wirkung der emotionalen Heilung sehr intensiv.

Dieses Werk ist meinen wunderbaren Kindern gewidmet, die immer meine Wahrheit in materieller Form besitzen werden, erzählt in meinen eigenen Worten. Wenn sie alt genug sind, mein Buch zu lesen, werden sie ohne Zweifel meine Liebe spüren, die ich auf diesen Seiten zum Ausdruck bringe. Ich sage ihnen oft, dass ihre Mutter eine Superheldin ist, und sie werden erst dann, wenn sie älter sind, so recht verstehen, was für Superkräfte sie besitzt.

Zuletzt ist das weiterführende Ziel dieses Buchs, Anregungen zu geben für andere Menschen, die in einer ähnlichen Lage wie ich sind oder waren. Wenn ich es schaffe, dann schaffst du es auch! Wir alle haben diese innere Kraft, die uns vorwärts treibt, unabhängig davon, welche Hindernisse das Leben uns in den Weg stellt. Die offene Tür, aus der ein helles Licht scheint, ist nicht weit außerhalb unserer Reichweite. Ich bin in keiner Weise außergewöhnlicher als du. Wenn du an dich glaubst, kannst auch du das Dunkel durchdringen.

WIDMUNG

Dieses Buch ist meinen wunderbaren Kindern gewidmet: Quentin, Philip, Oliver, Nina und Alexander

In aller Liebe, Mama

Es kommt nicht darauf an, ob das Glas halb voll ist oder halb leer, solange man überhaupt noch ein Glas hat

DANKSAGUNG

Meine lieben Kinder, ihr habt so viel Verständnis gezeigt während der letzten zwei Jahre, trotz der ständigen Turbulenzen in eurem jungen Leben. Meine Kleinen geben mir täglich die Stärke, die ich benötige, um alle Widrigkeiten zu überwinden, und dafür bin ich sehr dankbar. Was bin ich für eine glückliche Mutter!

Mein lieber David, du warst mein Fels in der Brandung des Selbstzweifels, wenn ich nicht glaubte, das gegenwärtige Unwetter zu überstehen. Du warst mit mir erschrocken über die schreckliche Nachricht und überglücklich mit mir, wenn wir gute Nachrichten erhielten. Ich bin so glücklich, dass du Teil meines Lebens bist.

Meine wunderbare Caroline, du hast mich aufgefangen, als ich hochschwanger in deiner Praxis auftauchte. Nur wenige Tage vor der Niederkunft war ich emotionell und körperlich verletzt, am tiefsten Punkt seit langer Zeit. Du treibst mich an, und du schaffst es immer, die richtigen Dinge zur richtigen Zeit zu sagen: dafür danke ich dir!

Meine beste Freundin Hild, danke, dass du für mich da bist, trotz der Entfernung. Du bist die erste, die ich anrufe, und du hast die angeborene Begabung, mich stets zu beruhigen. Du bist meine Cheerleaderin aus der Ferne.

Madeleine, Faiane, Torugbene, Sonia, Cécilia, Anna Lee: Danke für eure Hilfe und viele kleine Gesten, die mir die letzten Monate erleichtert haben. Ich bin dankbar dafür, dass ihr in meinem Leben seid.

Besonderer Dank gebührt Samantha Houghton und Caroline Emile für Rat und Orientierung beim Schreiben dieses Buchs.

Grausam verraten

von

Mary Faltz

Verlegt in Großbritannien von
Filament Publishing Ltd.,
16, Croydon Road, Beddington,
Croydon, Surrey CR0 4PA +44(0)20 8688 2698
www.filamentpublishing.com

Grausam verraten
© 2021 Mary Faltz

Aus dem Englischen übersetzt von Rainer Brömer

ISBN 978-1-913623-44-9

Alle Inhalte dieses Werkes, insbesondere Texte und Grafiken, sind urheberrechtlich geschützt. Das Urheberrecht liegt bei Mary Faltz gemäß dem britischen Designs and Copyrights Act 1988 Section 77

Alle Rechte vorbehalten. Kein Teil dieses Werkes darf ohne vorherige schriftliche Zustimmung des Verlages reproduziert werden

Druck: 4Edge

Hinweis

Einige Namen wurden geändert, um die Persönlichkeitsrechte der Betroffenen zu schützen. Die Ereignisse in diesem Buch sind nicht frei erfunden, sondern beruhen vollständig auf einer wahren Geschichte. Das Buch enthält keine medizinischen Empfehlungen.

Inhalt

1 Wer ist diese Frau? 23

2 Die Kraft eines Lächelns 33

3 Es war zu schön, um wahr zu sein 103

4 Das kann nicht wahr sein 139

5 Die zweite Welle 183

6 Alles wird gut 211

Verzeichnis medizinischer Fachbegriffe 214

Nützliche Kontakte 216

Vorwort

Beurteile mich nicht nach meinem Erfolg, beurteile mich danach, wie viele Male ich gestürzt und wieder aufgestanden bin.
Nelson Mandela

Als Psychotherapeutin werde ich oft gefragt, wie ich es ertragen kann, so viele erschütternde Geschichten zu hören. „Ist das nicht viel zu deprimierend? Ich könnte das nicht, was du tust." In der Tat hören wir traurige, schockierende und oft herzzerreißende Geschichten. Es ist schrecklich, was Menschen einander antun können und wie viel manche Leute ertragen mussten.

Die meisten wissen aber nicht, dass man als Psychotherapeut auch viele wunderbare, außerordentliche und beeindruckende Geschichten erfährt. Jede einzelne Geschichte ist anders, und jeder Klient, jede Klientin hat eine eigene Art, durch das Unwetter zu segeln. Allen gemeinsam zu sein scheint der Wille zum Überwinden der Schwierigkeiten, ohne klein beizugeben, weiterzumachen im Angesicht der Widrigkeiten.

Oft höre ich auch die Vorstellung, dass Menschen, die einen Psychotherapeuten aufsuchen, schwach sind und man sofort erkennt, dass sie etwas merkwürdig sind. In Wahrheit habe ich in den ganzen Jahren meiner Praxis noch keine schwache Person getroffen. Begegnet sind mir Menschen von bemerkenswerter

Stärke und großem Mut, mit einem starken Willen zum Durchhalten. Ich habe größte Achtung vor ihnen.

Was das angeblich „merkwürdige" Erscheinungsbild angeht, so stimmt das einfach nicht, ganz im Gegenteil, diese Menschen haben oft eine beeindruckende Fassade, hinter der man nie die Tragödien vermuten würde, die sie erlebt haben.

Damit soll in keiner Weise gesagt sein, dass es leicht ist, die Hilfe eines Psychologen zu suchen. Alle, die sich mit ihren Traumata auseinandersetzen, wissen, wie schwer diese Sitzungen sein können und wie viel Mut und Geduld nötig sind, sich mit den eigenen Erinnerungen auseinanderzusetzen, und wie lange es in der Tat dauern kann, die Verletzungen zu überwinden.

Menschen, die den Weg in die psychotherapeutische Praxis finden, sind bemerkenswerte Menschen, die mit ihrem Leben zurechtkommen wollen. Sie wollen leben, nicht nur überleben. Oft suchen sie Hilfe, wenn ihre Grenzen einmal zu oft überschritten wurden und sie einfach keine Kraft mehr haben, weil sie so lange stark waren. Um Hilfe zu bitten ist eine äußerst wichtige Fähigkeit, die viele von uns erst noch erwerben müssen.

Was meine Arbeit so befriedigend macht, ist die Beobachtung, dass Menschen trotz traumatischer Kindheitserlebnisse, etwa körperlicher oder emotionaler Missbrauch, trotz Vernachlässigung, Verlust wichtiger Bezugspersonen oder dem Erleiden natürlicher oder menschengemachter Unglücksfälle außergewöhnliche Persönlichkeiten sein können. Oft sind sie wunderbar sensible, starke und warmherzige Eltern, die genau wissen, was ihr Kind braucht. Sie können wundervolle Lebensgefährten sein, ausgezeichnete Pflegende, herausragende Freunde.

Diese Fähigkeit, nach durchgemachter Not wieder aufzustehen, wieder in Gang zu kommen selbst nach dem Durchleben größter Tiefen, wird als Widerstandsfähigkeit bezeichnet. Je widerstandsfähiger wir sind, desto besser kommen wir durch schwere Zeiten. Eine Möglichkeit zur Ausbildung unserer Widerstandskraft ist es, auf inspirierende Leute um uns herum zu sehen, ihren Geschichten zuzuhören und daraus die Elemente herauszupicken, die uns helfen können. Dies kann deine Reinemachfrau sein, ein Lehrer, eine Bekannte, der Mann an der Supermarkttheke, ein Prominenter oder eine Prominente. Es ist erstaunlich, wie viele unbekannte atemberaubende Geschichten dort auf uns warten.

Eine dieser einzigartigen und außergewöhnlichen Geschichten ist die von Mary, und ich bin froh, dass sie den Mut hatte, sie mit uns zu teilen.

Caroline Pull
Psychologin und Psychotherapeutin

Kapitel eins

*Es gibt immer eine zweite Geschichte.
Da ist mehr, als das Auge sieht.*
W.H. Auden

Wer ist diese Frau?

In der Ferne schiebt eine unbesorgte, liebevolle und lächelnde Mutter einen grünen Kinderwagen durch den Park. Das Baby spielt fröhlich mit seinen Zehen. Drei kleine Kinder klammern sich an den Buggy, folgen ruhig ihrer Mutter, wie eine kleine Entenfamilie. Der Mutter ist die Aufmerksamkeit vertraut, die dieser einnehmende Anblick bei den Zuschauern auslöst, und die Kinder kennen dies vermutlich inzwischen auch. Ob aus Bewunderung, Neid oder einfach Neugier: unterwegs mit ihrem Nachwuchs ist die junge Frau ganz erfüllt von reinem Stolz und warmer, sanfter, bedingungsloser Liebe.

Oft erhält sie Komplimente für das gute Betragen ihrer Kinder, wobei die Bewunderer eingestehen, dass sie selbst nie in der Lage wären, dies so wunderbar hinzubekommen. Mit einem breiten Lächeln, das ihre braunen Augen funkeln lässt, und unter der vollen Aufmerksamkeit ihrer Kinder entgegnet sie stets, wie glücklich sie sich schätze, ihre Mutter zu sein. Selten nimmt sie Hilfe wohlmeinender Passanten oder Freunde an. Als höchst unabhängige Frau möchte sie alles selbst tun, und offenbar kommt sie sehr wohl ohne jede Hilfe zurecht. Von außen betrachtet halten viele Leute diese Art von Frau für ein leichtes, hilfloses Opfer, glauben fälschlich, dass ihr Lächeln ein Zeichen der Schwäche sei. Aber der Anschein kann sehr trügerisch sein, denn hinter diesem strahlenden Gesicht und der Sanftheit verbirgt sich ein leidenschaftliches, selbstsicheres und widerstandsfähiges menschliches Wesen, das äußerst tiefe Verwundungen ertragen und sich immer wieder davon erholt hat.

Es ist unvermeidlich, dass das Leben nicht für jedermann stets ohne Probleme verläuft. Viele von uns werden mehr lebensverändernden Herausforderungen begegnen als andere. Gleich, welche Hürde du gerade meistern musst und wie unbedeutend deine Schwierigkeiten im Vergleich zu den vielleicht drängenderen Problemen der Mitmenschen erscheinen, du wirst darüber hinwegkommen. Dein Schmerz ist nicht weniger bedeutsam als der eines anderen und verdient es ebenso ausgesprochen und angehört zu werden wie die traumatischen Erlebnisse, von denen ich auf den folgenden Seiten berichte. Bei subjektiv empfundenem Leiden gibt es keine Hierarchie. Natürlich ist es äußerst schwer, auch nur den geringsten positiven Aspekt inmitten des Chaos zu entdecken, aber dennoch findet man etwas, wenn man nur seine Augen dafür öffnet, sodass der Kampf sich lohnt. Das kleine bisschen Positive zwischen all dem Negativen wird zu der einen Triebkraft, die dich weiterträgt, um dem Sturm zu trotzen. Wir alle haben unsere Last zu tragen, manche mehr, manche weniger. Ob deine nun eher schwerer oder leichter wiegt, sie ist dein persönliches Päckchen, und nur du kannst einschätzen, wie viel Leid es für dich verursacht.

Jeder von uns hat eine andere Schwelle im Umgang mit negativen Ereignissen, und es ist bedauerlich, dass oft Vergleiche angestellt und Meinungen vorgebracht werden, wie jemand sich in einer bestimmten Lage fühlen sollte. Jeder Mensch muss Gefühle so empfinden, wie es für ihn notwendig ist, ohne dass andere darüber urteilen. Wie oft habe ich mir gewünscht, jemand anders zu sein, mit einem scheinbar sorglosen Leben, aber andererseits wäre ich ohne die Turbulenzen meines Lebens nicht die, die ich heute bin. Ich bin stolz auf die Person, zu der ich mich in diesem Prozess entwickelt habe, und auf das, was ich trotz ständiger Rückschläge erreicht habe. Ich bin aufrichtig dankbar und fühle mich glücklich im Kreis meiner wunderbaren Kinder, die mich dazu motivieren, jeden Morgen aufzuwachen und mich den Herausforderungen des Lebens mit einem Lächeln auf dem Gesicht zu stellen. Wir alle möchten die Lehren und Weisheiten des Lebens erwerben, ohne den realen Kampf auf uns zu nehmen. Diese beiden Aspekte gehen aber zweifelsohne Hand in Hand und stehen in einer positiven Beziehung: je mehr Kämpfe, desto mehr Lehren.

Falls du gerade irgendeine Art von Schwierigkeiten durchmachst, möchte ich dir empfehlen, dich hinzusetzen, Stift und Papier zu nehmen und anzufangen zu schreiben. Die Worte werden von selbst hervorfließen, wenn du nicht über sie urteilst, während sie erscheinen, und ehe du dich's versiehst, wirst du Seiten um Seiten gefüllt haben. Die gefühlvolle Aktion, deine Gefühle zu Papier zu bringen, ist sehr aufbauend und symbolträchtig. Du überträgst sie aus deinem Herzen heraus, sodass sie freigesetzt werden und dich freimachen, damit du weitergehen kannst. Diese Gefühle weitere zu unterdrücken wird nur weitere Schmerzen verursachen. Du musst diese ganze schwere Negativeinstellung loslassen, um zum nächsten, froheren und friedlicheren Kapitel deines Lebens weiterzugehen. Du wirst erst dann einen Abschluss finden, wenn du den Mut findest, dich deinen Dämonen zu stellen, anstatt sie in den Tiefen deines Bewusstseins eingesperrt zu halten. Sonst werden sie ohne Zweifel immer wieder zum Vorschein kommen und dich dieselben schmerzlichen Empfindungen erleben lassen. Erst wenn du aus dieser selbstverursachten Gefangenschaft ausbrichst und all das Gift herauslässt, das dich von innen heraus auffrisst, schenkst du dir selbst die Freiheit und inneren Frieden.

Was du anfängst mit den Seiten, die du vollgeschrieben hast, liegt ganz bei dir. Du kannst sie verbrennen oder sie genüsslich in Stücke reißen, um sie symbolisch zu entsorgen. Du kannst sie in eine Schublade wegschließen, die du nie wieder öffnest. Du kannst sie den Menschen schicken, die dir wehgetan haben, ohne jede Absicht, sie zu ändern. Und wenn du dich mutig genug fühlst, kannst du diese Seiten sogar veröffentlichen, damit andere sie lesen – und wer weiß, vielleicht regst du damit sogar andere Menschen an, ihr Leben zu ändern. Wie wunderbar wäre das? Für mich war es nicht genug, diese Seiten einfach nur aufzubewahren. Da war zu viel unterdrückter Schmerz, Trauer und Wut, um nur in der Therapie in einer Einzelsitzung darüber zu sprechen. Für meinen Fall fühlte sich das nicht richtig an.

Du wirst schon merken, wenn du das Bedürfnis bekommst, deine Gefühle öffentlich zu enthüllen. Was du fühlen wirst, ist die Notwendigkeit, sie zu teilen, und so etwas wie eine tiefe Berufung, für ein Ziel, das über dich hinausgeht. Ich habe sehr gezögert, dieses Buch zu schreiben und zu publizieren. Die Freilegung der eigenen tiefen Verwundbarkeit macht Angst, aber sie ist eine unverzichtbare Bedingung, um Veränderung zuzulassen. Meine Kämpfe zu Papier zu bringen hatte einen erheblichen therapeutischen Effekt, und ich empfinde endlich die nötige Ruhe, um ein neues Kapitel meines Lebens zu beginnen und dabei alle negativen Gefühle hinter mir zu lassen. Ich weiß gar nicht mehr, wie oft man mir im Lauf der Jahrzehnte gesagt hat: „Ich wünschte, ich wäre du." Ebenso wenig kann ich mich erinnern, wie oft ich gewünscht hätte, jemand anders zu sein. Wir benutzen oft diese scheinbar harmlosen Worte, ohne darüber nachzudenken, was sich hinter dieser Fassade verbergen mag.

Wir neigen dazu, voreilige Schlüsse zu ziehen, wenn wir einen Menschen auf der Grundlage unserer Weltanschauung betrachten, durch unsere eigene Linse. Das Aussehen kann sehr täuschen. Lächeln kann täuschen. Wir verbinden bestimmte körperliche Merkmale mit spezifischen individuellen Verhaltensweisen, als positives oder auch negatives Etikett. Wenn wir einen Mann im Maßanzug sehen, der an seinem Laptop arbeitet, ziehen wir fast unmittelbar einen Schluss über seine geistigen Fähigkeiten und seinen beruflichen Status. Wenn uns ein langhaariger Mann auffällt, der ein Muskelshirt trägt und Tätowierungen an seinen Armen zur Schau stellt, machen wir unbewusst negative Annahmen über seinen Charakter und seine soziale Stellung. Wenn wir eine Frau mit hochhackigen Schuhen und rotem Lippenstift beobachten, verbinden wir sie mit starker Dominanz. Wenn ich bei der Arbeit hohe Absätze trage, steigt mein Selbstvertrauen und ich verhalte mich dementsprechend. Wenn ich stattdessen flache Schuhe zur Arbeit trage, fühle ich mich eher wie ein unschuldiges kleines Mädchen und nicht wie eine ernstzunehmende Expertin. Wie uns das Sprichwort nahelegt, ein Buch nicht nach dem Umschlag zu beurteilen, so sollten wir ganz bewusst dafür sorgen, dass wir Menschen nicht in Schubladen stecken nach ihrer äußeren Erscheinung. Sei kritisch, wenn du jemanden ansiehst, denn deine Annahmen über diese Person mögen völlig falsch sein, und du könntest eine Chance vergeben herauszufinden, wer dieser Mensch wirklich ist.

Jetzt, da ich dieses Buch schreibe, wünsche ich mir nicht mehr, jemand anders zu sein, sondern stehe stolz und aufrecht inmitten des Unwetters. Ich lasse es zu, verletzlich zu sein, und damit akzeptiere ich aus ganzem Herzen die wertvollen Lehren, die ich durch die widrigen Umstände erhalten habe. Die Welt ist furchterregend und doch zugleich wunderbar. Es liegt an uns zu entscheiden, wie wir sie wahrnehmen. Schönheit liegt im Auge des Betrachters: das ist in diesem Fall sehr zutreffend. Dennoch sollten wir im Anbetracht von Unglück die Gefühle von Furcht, Trauer und Wut willkommen heißen. Es gibt angemessene Rollen für sie, und wir sollten sie nicht geringschätzen. Sie sind ein natürliches Element in diesem Prozess. Höchstes Ziel sollte sein, diese Gefühle so zu steuern, dass sie nicht jeden wachen (und schlaflosen) Augenblick überfluten.

Aus welchen Gründen auch immer du mein Buch in die Hand genommen hast, wünsche ich dir, dass du Trost findest bei der Lektüre meiner Erfahrungen auf diesen Seiten. Wenn ich dich ermutigen kann, deine Augen zu öffnen für die Dinge, die das Leben wirklich lebenswert machen, dann ist der Zweck dieses Buches erfüllt. Tief in dir trägst du alles Notwendige, um daran zu glauben, dass du durchkommst. Gleich wie unüberwindlich die Lage gerade zu sein scheint, vertraue darauf, dass dies nicht deine Endstation ist. Du wirst die Kraft finden, allen Unannehmlichkeiten zu trotzen, die das Leben dir bereitet haben mag. Du wirst sie nicht nur überstehen, sondern du wirst stärker als zuvor herauskommen und so in der Lage sein, deine Geschichte zu erzählen. Während ich dies schreibe, erlebe ich eine turbulente Zeit; daher liegt noch ein weiter Weg vor mir, um den Umgang mit diesen Gefühlen zu lernen. Ich bin überzeugt, dass die Zeit Heilung bringt und ich dann das Furchterregende und das Wunderbare in der Welt im Verhältnis von 30 zu 70 sehen werde und nicht mehr als 70 zu 30. Babyschritte.

Die Macht der Konditionierung

Kapitel zwei

Ich kann vielleicht verändert werden von dem, was mir geschieht, aber ich lasse mich nicht davon kleinmachen.
Maya Angelou

Die Kraft eines Lächelns.

Die Wände sind weiß und kalt. Das Gebäude wirkt einschüchternd auf jemanden, der nicht mit der Welt der Justiz vertraut ist. Als ich in einer Ecke am Eingang des Gerichtshofs sitze, fühle ich mich überwältigt. Ich fühle, wie mein Baby mit Tritten auf meinen Stress reagiert. Plötzlich weckt das Geräusch von klickenden Handschellen in der Ferne meine Aufmerksamkeit. Ich drehe mich um und sehe zwei bewaffnete Polizisten, die ihn in einen abgeschirmten Polizeitransporter abführen. Ich sehe zu, wie das Fahrzeug langsam in der Ferne verschwindet. Ich muss mir sicher sein, dass er wirklich weg ist. Der Seufzer der Erleichterung angesichts der Szene, die sich vor mir abspielt, ist ungeheuerlich.

So weit ich zurückdenken kann, war mein Leben immer ungewöhnlich, auch wenn der Beginn in einer Kleinstadt an der Mosel in Luxemburg ganz normal schien. Ich bin das zweite von sechs Kindern, die älteste Tochter. Wie bei Geschwistern üblich, waren wir so unterschiedlich wie nur möglich. Der Bungalow, in dem wir wohnten, sah auf einen schönen großen Garten mit Holzschaukel und einer grünen Plastikrutsche, der an dem ruhigen Fluss lag. Meine Familie war gut gebildet und beide Eltern arbeiteten im Gesundheitswesen, sodass fest davon ausgegangen wurde, dass ich ihnen auf ihrem Berufsweg folgen würde.

Von außen betrachtet, war diese achtköpfige Familie nicht ungewöhnlich, wenn auch die Tatsache, dass wir zu acht in einem Haushalt lebten, recht auffällig war. Mein Vater Nicolas, der Patriarch der Familie, dirigierte uns mühelos. Er ist kleingewachsen, weitsichtig und mag seinen Kaffee schwarz. Die Aufgabenverteilung innerhalb unseres Heims war traditionell, und meine Mutter Nelly hatte die täglichen Hausarbeiten makellos zu erfüllen. Nelly mag keine laute Musik und keine Hunde. Mein großer Bruder Andreas hat dunkle Locken, eine Lücke zwischen seinen Schneidezähnen und große braune Augen. Er spielte gern Basketball, obwohl er nicht besonders groß war. Meine jüngere Schwester Denise ist klein, hat braune Locken, kleine Augen und schmale Lippen. Sie hat immer recht und wird nie bestraft. Innerhalb der Familie ist sie auch als „Miss Perfect" bekannt. Das vierte Kind war Leonard. Er ist der „Computermann" der Truppe. Er konnte Stunde um Stunde vor dem Bildschirm verbringen und war immer bereit, irgendwelche technischen Probleme zu lösen. Er ist klein, trägt eine Brille und isst gern Donuts. Elena ist groß, kurvenreich und hat einen einschüchternden Wuschelkopf. Sie ist sehr selbstbewusst und imitiert gern Tierstimmen. Sie galt als die „Problemlöserin".

Der Letztgeborenen, Mira, fehlt Selbstvertrauen und ein Vorderzahn. Trotz dieses Makels war sie immer das Püppchen der Familie. Sie zog stets eine fotogene Schnute, für den Fall, dass eine Kamera in der Nähe war. Ich dagegen war eher schüchtern und ungeschickt, aber lustig. Ich fühle mich nicht wohl, wenn freilaufende Tiere um mich sind, und ich trinke gern mit dem Strohhalm, um meine Zähne weiß zu halten. Ich lege Wert auf gute Manieren und mochte immer meinen Vornamen – meine Mutter hatte den gut gewählt. Meine Oberschenkellücke war merkwürdigerweise der Neid meiner drei Schwestern. Ich musste schnell großwerden, um Verantwortung für die Gang zu übernehmen. Mit meinem Ruf als „Miss Besserwisserin" war ich weniger beliebt.

In ihrer Blütezeit war meine Mutter eine attraktive, große und schlanke Frau mit langen dunkelbraunen Locken, schönen nussbraunen Augen und einem schüchternen Lächeln. Sie war sehr intelligent und von einer ruhigen Art. Nach ihrem Abschluss in der Medizin verlobte sie sich mit Chris, einem großen, gutaussehenden Luftfahrtingenieur mit Brille, den sie sehr liebte und mit dem sie ihre Zukunft teilen wollte. Sie hatte ihre Lebenspläne mit Chris gemacht: Sie würden ein, zwei Jahre reisen, bevor sie sich für ein ernsthaftes Leben niederlassen. Nelly war sehr erpicht darauf wegzuziehen und endlich ihre kleine Geburtsstadt zu verlassen. Sie wollte die Welt sehen, bevor die Kinder kamen. Der Hochzeitstermin war für den 27. Januar 1980 festgesetzt. Es sollte eine große, wundervolle Hochzeit werden, wie Nelly es sich ausgemalt hatte, seit sie ein kleines Mädchen war. Das Brautkleid wurde gekauft, die Gäste eingeladen, ein Termin für die kirchliche Trauung vereinbart, das Catering wurde bestellt, die Dekorationen waren bereit und es fehlten nur noch Braut und Bräutigam.

Als der Hochzeitstag näher kam, wurde Nelly immer aufgeregter in der Erwartung endlich zu heiraten und das heimische Nest zu verlassen. Kurz vor dem Termin der Hochzeit bat Chris darum, persönlich mit dem Brautvater zu sprechen. Der zukünftige Bräutigam kam nervös zu Nellys Elternhaus. Wie üblich wurde er von seinen zukünftigen Schwiegereltern herzlich willkommen geheißen. Es gab keine richtige Art auszusprechen, was er im Kopf hatte. Chris bekam kalte Füße. Er entschuldigte sich und bestätigte, dass er die Hochzeit absagen wollte. Nelly hörte aus der Ferne zu. Sie konnte nicht glauben, dass der Mann, mit dem sie das nächste Kapitel ihres Lebens verbringen wollte, ihr Herz gebrochen hatte, und nicht nur das, er demütigte sie ungeheuerlich, so kurz vor dem Hochzeitstag. Die Schwiegereltern waren sehr erzürnt und verärgert über seine Entscheidung, und es war nicht verwunderlich, dass sie Chris dafür verachteten, dass er nicht nur die Gefühle ihrer Tochter verletzt hatte, sondern auch ihr Ansehen als Familie.

In den folgenden Tagen zog Nelly sich in ihr Zimmer

zurück und wollte mit niemandem sprechen. Sie weigerte sich zu essen und versank langsam in Depression. Sie empfand Wut, Enttäuschung, Trauer und Scham, wie jede Frau, wenn die Liebe ihres Lebens plötzlich beschloss, sie im Stich zu lassen, so kurz vor einer Hochzeit, für die alles vorbereitet war. Sie bedauerte auch den Verlust ihrer Chance, endlich das Elternhaus zu verlassen und auf Reisen zu gehen. Einer der Gäste, die zur Hochzeit eingeladen waren, war Nicolas. Er war einfach ein Bekannter von Nelly. Sie kannte ihn nur entfernt. Er war in der Kirche engagiert und war in seiner Jugend Pfadfinder gewesen. In seiner Familie und unter seinen Freunden genoss er hohes Ansehen, immer zum Scherzen aufgelegt, aber zugleich gelassen. Er zitierte Bibelverse und verstand es, sie auf alltägliche Situationen anzuwenden. Nicolas war nicht besonders gutaussehend. Er trug keine Brille und wirkte daher weniger intellektuell als Chris. Nicolas war genauso groß wie Nelly. Im Gegensatz zu ihr standen vor seiner Haustür keine Verehrerinnen Schlange. Er reiste gern und hatte einige Jahre im Ausland gearbeitet. Er wirkte aufgeschlossen.

Wenige Tage nach dem Besuch von Chris, bei dem dieser verkündet hatte, dass er Nelly nicht heiraten wollte, kam Nicolas bei Nelly vorbei, um sie zu trösten. Bis dahin hatte Nelly nicht gewusst, dass Nicolas seit ihrer Kindheit Interesse an ihr gehabt hatte. Er hatte es nie gewagt, ihr seine Liebe zu gestehen, aber irgendwie fand er jetzt, nach Nellys herzzerreißender Erfahrung, eine günstige Gelegenheit. Nelly wies ihn ab, sie wollte mit niemandem sprechen, schon gar nicht mit ihm. Sie brauchte Zeit, ehe sie das Leben wieder genießen konnte. Dennoch gelang es Nicolas, sie dazu zu überreden ihre Schlafzimmertür zu öffnen und sie hineinzulassen. Nicolas zögerte keinen Augenblick. Zunächst tröstete er Nelly und betonte, dass das Verhalten von Chris herzlos und egoistisch war, und dann ergriff er die Gelegenheit, ihr einen Deal anzubieten, den sie einfach nicht ablehnen konnte. Er schlug ihr vor, den Hochzeitstermin und alle Vorbereitungen beizubehalten und ihn zu heiraten anstelle von Chris. Sie würden die Gäste von Chris' Seite ausladen und kurzfristig weitere Gäste aus Nicolas' Familie und Freundeskreis einladen.

Weiter erklärte er ihr, wie viel sie ihm seit ihrer Kindheit bedeutete und dass er sie über die Jahre nie vergessen habe. Nelly war gelinde gesagt schockiert, aber diese Liebeserklärung half ihr in keiner Weise den Verlust der Liebe ihres Lebens zu verschmerzen. Sie war sprachlos und überwältigt von dem Angebot. Einerseits war es für sie eine Chance, endlich aus dem kleinen Dorf zu entkommen, in dem sie aufgewachsen war. Andererseits erschien es ihr nicht richtig, jemanden zu heiraten, den sie nicht liebte. Würde sie wirklich glücklich mit diesem Arrangement und sich womöglich nach der Hochzeit in Nicolas verlieben? Nelly erschien dieser Handel sehr geschäftsmäßig. Sie war hin- und hergerissen zwischen ihren Prinzipien und ihren Träumen. Schließlich stimmte sie dieser Vereinbarung zu, und die Hochzeit wurde wie geplant durchgeführt – wenn auch nur mit der Hälfte der ursprünglich eingeladenen Gäste und einer Gruppe neuer Teilnehmer von Nicolas' Seite.

Während der ersten Ehejahre schätzte Nicolas Nelly und behandelte sie wie eine Prinzessin. Nellys Gefühle für Nicolas waren ganz anders. Ob sie je Gefühle für diesen Mann entwickelte, wird für immer ihr Geheimnis bleiben. Sie war zufrieden mit dem Deal, den sie vor einigen Jahren abgeschlossen hatte, aber für wie lange? Mit jedem Kind, das sie zur Welt brachte, sah sie langsam ein, dass dies nicht das Leben war, das sie sich gewünscht hatte. Sie konnte sich nicht dazu bringen, eine liebevolle, fürsorgliche und warmherzige Mutter zu sein, wie von ihr erwartet wurde. Sie konnte sich selbst nicht in dieser Rolle sehen, und allmählich zog sie sich vom Familienleben zurück. Kurz nach Miras Geburt bemerkte Nicolas eine Veränderung in ihrem Verhalten. Er konnte nicht verstehen, warum sich Nelly so schwertat, schließlich hatte er ihr doch ein perfektes Leben geboten. Nicolas wurde unruhig, als Nelly begann, ihre Ehe mit ihm grundlegend infrage zu stellen und im Lauf der Monate immer unglücklicher wurde.

Bis heute weiß ich nicht, was für eine Diagnose angemessen gewesen wäre für das, was meine Mutter durchmachte. Sie saß in der Falle. Sie hatte aus Verzweiflung diesen Mann geheiratet und musste sechs Kinder großziehen. Sie hatte nie so ein Leben gewollt und entwickelte allmählich Zeichen von Widerstand. Sie begann in der Vergangenheit zu graben und erwähnte die Namen beliebiger Männer.

Sie suchte nach Antworten. Nicolas brachte dieses Bedürfnis rasch zum Schweigen. Er wandte verbale und körperliche Mittel an, die einen so schmerzhaft wie die anderen, vermute ich; denn solange ich mich zurückerinnern kann, wurde Nelly immer wieder in die Psychiatrie eingewiesen und wieder entlassen. Es entwickelte sich fast ein trauriges Ritual, wenn Nicolas ab und zu die Polizei rief und ein Krankenwagen vorfuhr, um Nelly jeweils für einige Monate wegzubringen. Nicolas fand immer einen triftigen Grund, sie mit physischer Gewalt aus dem Familienheim eskortieren zu lassen, es ging nie ruhig zu. Ich erinnere mich noch, dass er über die Rechnung für die Krankenwagen erbost war, da sie meist am Wochenende kommen mussten und die Rechnung höher als normal ausfiel.

Nicolas schärfte den sechs Kindern ein, den Psychiater im Krankenhaus geradewegs anzulügen und zu behaupten, dass Nelly wieder etwas Falsches getan habe, damit sie problemlos aufgenommen und auf recht grausame Weise von ihm ferngehalten würde. Er ließ uns ein Skript nachbeten, das er zur Unterstützung seines Anliegens vorbereitet hatte, offenbar ohne Schuldgefühle oder Gewissensbisse. Wir stellten Nelly auf seinen Wunsch als unfähige Mutter dar. Ich würde zwar nicht so weit gehen, ihr den Preis als „Mutter des Jahres" zu verleihen, aber diese Behandlung von ihrem Ehemann hatte sie nie verdient. Er schien sie um jeden Preis loswerden zu wollen, da sie zu diesem Zeitpunkt für ihn eine Last darstellte.

Beispiele für die „Taten", für die meine Mutter bestraft werden musste, sind in den folgenden Sätzen beschrieben: Sie mischte Zutaten ins Essen, die nicht kompatibel waren und dem Geschmack ihres Mannes nicht entsprachen. Einmal versalzte sie das Essen. Einmal steckte sie farbige und weiße Wäsche zusammen in die Maschine, mit dem unvermeidlichen Ergebnis, dass rosa Hemden herauskamen. Offenbar glaubte Nicolas nicht, dass die Farbe ihm stand. Einmal verschob sie die Möbel im Wohnzimmer ohne Zustimmung des Ehemanns. Einmal vergaß sie Andreas im Supermarkt und ging heim. Das mag in der Tat dramatisch klingen, aber wer kann ihr deswegen Vorwürfe machen, mit sechs Kindern? Wenigstens rief sie ein Taxi, um ihn abzuholen, nachdem sie bemerkt hatte, dass sie nur mit fünf Kindern heimgekommen war. Andreas scheint keine bleibenden emotionalen Spuren von diesem konkreten Ereignis zurückbehalten zu haben.

Meine Mutter schrieb oft Briefe an ihren verstorbenen Vater, was in Nicolas' Augen wohl ein Zeichen für Realitätsverlust und somit Anlass für einen weiteren Aufenthalt in der Psychiatrie war. Unser Vater schärfte uns ein, dass unsere Mutter nicht wie andere Mütter war: sie war „krank". Wir gehorchten einfach, wie Kinder so sind, im Glauben, dass unser Vater es am besten wissen müsse, wobei uns in unserer Unschuld nicht bewusst war, dass unsere Mutter deswegen wieder für ein paar Monate weg sein würde.

Bald lernte ich, dass meine eigene Zukunft genauso aussehen würde, wenn ich den Erwartungen meines Vaters nicht entspräche, eingesperrt auf einer tristen und einsamen psychiatrischen Station. Schließlich stand mein Wort gegen das Wort eines Erwachsenen – wer würde einem Kind glauben? Nicolas grub alte Aufzeichnungen auf, um zu „beweisen", dass Nellys Urgroßmutter Bethany schizophren gewesen war. Das war sein Ausgangspunkt, um verschiedene Psychiater über drei Jahrzehnte hinweg zu überzeugen, dass seine Frau geisteskrank war. Er wies sie auch an, sich vor den Ärzten dauerhaft „krank" zu stellen, um weiter ihre Behindertenrente zu erhalten. Ich weiß nicht, wie viel davon geplant war und wie viel improvisiert. Offensichtlich war die Vorstellung realistisch genug für die Mediziner, die sich von dieser Scharade beeindrucken ließen.

Nicolas war sehr dominant gegenüber seiner Frau. Sie war ihm vollständig ausgeliefert, ohne etwas infrage stellen zu können, sie konnte nicht für sich selbst sprechen. Sie hatte längst aufgegeben und die Rolle des „Opfers" ohne Gegenwehr angenommen und überzeugend ausgefüllt. Manchmal tat Nicolas so, als würden wir auf einen Familienausflug gehen, und meine Mutter stieg auf seine Anordnung einfach ins Auto. Dabei ahnte sie nicht, dass ihr Mann sie stattdessen zur Psychiatrie fuhr für einen weiteren stationären Aufenthalt. Er hatte ihren Koffer mit ihren Sachen gepackt und ins Auto geladen und sie so wieder getäuscht.

Während eines Großteils meiner Kindheit war meine Mutter physisch abwesend. Sie verbrachte mehr Zeit in der Psychiatrie als zuhause. Nicolas beschäftigte über die Jahre viele Kindermädchen, mehr als man sich merken könnte. Diese sollten ihm bei der Versorgung seiner sechs Kinder helfen. Es ist kaum überraschend, dass viele von ihnen ihn später sexueller Übergriffe beschuldigten. Da ich es gewohnt war, dass Nicolas mir in allen Einzelheiten seine außerehelichen Abenteuer mit allen möglichen Frauen berichtete, war ich von diesen Anschuldigungen keineswegs schockiert. Wenn meine Mutter wieder nachhause kam, war sie körperlich anwesend, aber sie stand unter so starker Medikation, dass sie nichts für sich selbst tun konnte, geschweige denn klar denken. In meiner Erinnerung sehe ich sie als erschöpfte, blasse Frau mit einem Dutt, die auf der Couch sitzt, fernsieht und völlig vom Alltagsleben abgekoppelt ist. Dieser furchtbare vegetative Zustand konnte endlose Monate andauern. Sie zeigte weder Emotionen noch rationales Denken. Ihre neuroleptischen Depot-Injektionen wurden regelmäßig nachgefüllt, wodurch sie am Leben gehalten wurde, aber innerlich tot war.

Als ich aufwuchs, schien das Leben in den frühen Tagen ziemlich normal. Ich war ein ziemlicher Wildfang und absolut nicht interessiert an Puppen, Rosafarbenem oder Glitzerkram. Ich war das einzige Mädchen in einer Jungen-Fußballmannschaft. Ich wurde als Stürmerin aufgestellt, dank meiner schnellen Tackling-Fähigkeiten. Meine größte Freude war es, der gegnerischen Mannschaft den Ball abzunehmen und ihn jemandem vorzulegen für den Torschuss. Ich selbst schoss selten Tore. Die Jungen in der Mannschaft hatten Respekt vor mir, und das fühlte sich großartig an. Seit meiner frühen Jugend versuchte ich, meine schüchterne Natur mit Humor zu überspielen, und mit dieser Strategie fand ich schnell meinen Platz. Drei Jahrzehnte später ist diese Strategie immer noch vorhanden und funktioniert gut.

Als ich neun Jahre alt war, befand meine Mutter sich wieder einmal auf einem ihrer vielen Aufenthalte in der Psychiatrie. Mein Vater war allein verantwortlich, sich um sechs Kinder zu kümmern, darunter ein Baby. Eines Abends brachte er nach dem Essen und Baden die jüngeren Kinder ins Bett, während ich zurückblieb und allein badete. Er föhnte meine langen, dunklen Haare, die mir bis zum Kreuz reichten. Bis zu diesem besonderen Abend hatte Nicolas mich nie beachtet, ich war einfach eins seiner sechs Kinder, und das war völlig in Ordnung für mich. Ich fühlte mich in keiner Weise anders als meine Geschwister oder meine Schulkameraden. Irgendwann an diesem Abend beschloss Nicolas unerwartet, die moralischen Grenzen zu überschreiten, ohne seine Stellung als Autoritätsfigur zu verlieren. Das war die erste Nacht, in der er mein Schlafzimmer betrat, zu mir ins Bett kam und mich missbrauchte.

In den folgenden Jahren blieb ich nachts wachsam, jede einzelne Nacht. Das gefürchtete Knarren der Holztreppe mitten in der Nacht und das Quietschen, wenn die Schlafzimmertür langsam geöffnet wurde, hielten mich wach, jede einzelne Nacht. Was diesen Mann, scheinbar ein guter Christ mit moralischen Prinzipien, ohne einen Tropfen Alkohol in seinem Blut, dazu brachte, bewusst Unrecht zu tun, ist ein großes Fragezeichen für mich. War es geplant? War es getrieben von einem opportunistischen sexuellen Drang? Tat er meinen anderen Geschwistern dasselbe an? Als Kind fragte ich mich oft, ob beide meiner Eltern eigentlich psychisch krank waren. Ich hatte ja bereits daran geglaubt, dass meine Mutter nicht wie andere Mütter war, überzeugt durch die Aussagen von Nicolas, der Familie und der Ärzte. Ich fing aber auch an mich zu fragen, ob mein Vater wie andere Väter war.

Ich ging zur Schule mit wenig Schlaf, wenn überhaupt, und war trotzdem in der Lage zu funktionieren und gute Noten zu erzielen. Mein inneres System musste sich radikal anpassen an das, was mir widerfuhr, um es zu verkraften und unbewusst weitermachen zu können wie normal. Wenn meine Mutter zuhause war, schien sie in ihren wacheren Momenten mitzubekommen, was vorging, aber sie stellte es nicht ein einziges Mal in Frage und unternahm nichts, um ihr Kind vor Schaden zu bewahren. Dieser Missbrauch dauerte SECHZEHN lange und qualvolle Jahre, hinter verschlossenen Türen, in schmerzlichem Schweigen.

Im Lauf der Zeit wurde der Missbrauch immer weitgehender, und mein Vater schreckte nicht einmal davor zurück, mich am helllichten Tag anzufassen, oft in Gegenwart meiner Mutter und der Geschwister.

Niemand war überrascht, wenn ich meinen Vater mit dem Ellbogen stieß oder seine Hände von mir wegschlug. Es schien mir, dass jede Art von Verhalten, wenn man nur dafür sorgt, dass es normal erscheint, ohne Aufsehen von allen akzeptiert wird, selbst wenn es jeden Sinn für Moral verliert. So schockierte es niemanden, wenn mein Vater beiläufig meine Brüste unter dem Hemd berührte oder am hellen Tag auf der Couch seine Hand zwischen meinen Beinen hatte, während alle anderen um uns herum ihrem Leben nachgingen, meine eigene Mutter inbegriffen.

Bei jeder Gelegenheit zwang er mich auf seinem Schoß zu sitzen, ob ich 9 oder 17 war, wobei er sexuell erregt war, und ich ekelte mich so, dass ich wegging. Er holte mich immer zurück. Ich hatte keinen freien Willen wie meine Geschwister, sie waren in meinen Augen glücklich. Als die Jahre vergingen, erreichte die Akzeptanz des Missbrauchs einen Punkt, an dem Nicolas mich mitten am Tag zwang, in mein Schlafzimmer im Obergeschoss zu gehen, die Tür hinter uns abschloss und mich ungehindert missbrauchte. In einer ihrer Aussagen bei der Polizei sagte meine Mutter dem ermittelnden Beamten, dass sie kein Problem darin sah, wenn ein Vater versucht, seiner Tochter einen Zungenkuss zu geben. Es schien eine Art von Konsens in der Familie zu geben, deformiert aber sehr real. Wann immer er allein mit mir war, zwang er mich jedes einzelne Mal, ausnahmslos, mein Hemd hochzuziehen und ihm meine nackten Brüste zu zeigen.

Nachdem er gesehen hatte, dass offenbar niemand daran Anstoß nahm, was er mit mir tat, fing er an, mich in unserem Whirlpool zu missbrauchen, während meine Geschwister neben uns im sprudelnden Wasser saßen. Das alles wurde einfach „normal" für alle. Er schien sich über die Zeit immer sicherer zu werden, dass niemand von den Ereignissen alarmiert war. Mein Vater sagte immer, dass Penis, Vagina und Brüste nichts Besonderes seien, von derselben Bedeutung wie ein Arm, Bein oder Fuß. Sexuelle Missbrauchstäter tun dies oft, damit es dem Kind nichts ausmacht, die Genitalien des Missbrauchers zu berühren und umgekehrt.

Die Abkopplung der Moral durch Normalisierung sexueller Bezüge gibt dem Belästiger freie Hand. Die Sex-Gespräche meines Vaters waren teils medizinisch, teils sexuell. Er sagte mir, ich sei seine „Patientin" und brauchte Hilfe. Er bestand immer darauf, dass ich im Auto neben ihm auf dem Beifahrersitz saß, damit er seine Sex-Gespräche beginnen konnte, oft mit seiner Hand zwischen meinen Beinen, oder während er versuchte, unter mein Hemd zu fassen. So lange ich zurückdenken kann, habe ich 16 Jahre meines Lebens damit zugebracht, diesen Mann zu schlagen und mit meinem Ellbogen zu stoßen in dem verzweifelten Versuch, seine dreckigen Hände von meinem Körper fernzuhalten. Dann schrie er mich wütend an, ich solle aufhören, denn „was würden meine Mutter und meine Geschwister sagen, wenn sie die Spuren an ihm sehen?" Er war mir körperlich immer überlegen, die ganzen Jahre lang.

Manchmal war er so wütend über mich, wenn ich ihm wehgetan hatte, dass er ein paar Tage nicht mit mir sprach und mich zugleich bestrafte. Er nahm mir Sachen weg oder verbot mir Aktivitäten, die er mir vorher erlaubt hatte. Diese Phasen seiner Wut kamen mir äußerst gelegen, denn ich wusste, dass ich während dieser Tage keine nächtlichen Besuche von ihm bekommen würde. Diese Bestrafung dauerte nie länger als zwei Tage, ehe er wieder zu mir kam, um sich zu „versöhnen", und zu meinem völligen Entsetzen fingen die nächtlichen Besuche wieder an. Oft tat ich so, als hätte ich meine Periode, auch wenn das gar nicht der Fall war, um ihn davon abzuhalten, mich zu berühren. Zu meinem absoluten Widerwillen hielt ihn dieser Vorwand in keiner Weise ab.

Als es zum ersten Mal zum Missbrauch kam, teilte ich das Schlafzimmer mit drei meiner Geschwister. Das machte Nicolas nichts aus. Später teilte ich das Zimmer nur noch mit einem Geschwister und schließlich hatte ich meinen eigenen Raum. Ich erinnere mich noch, dass mein Zimmer neben dem von Denise war, abgeteilt nur durch eine Tür, hinter der mein Bett stand. Wenn Nicolas mich jede Nacht besuchte, trat ich mit dem Fuß gegen diese Tür, in der Hoffnung, dass der Lärm jemanden aufwecken würde und der Missbrauch aufhörte. Nicolas befahl mir aufzuhören, ehe alle wach werden. Er hielt meinen Fuß fest, um mich daran zu hindern, gegen diese Tür zu treten. Wo waren die anderen 6 Personen im Haus, während ich jahrelang Tag und Nacht diesem Mann hilflos zum Opfer fiel?

Oft ging ich zu meiner Mutter ins Bett, um nicht berührt zu werden. Was dachte ich mir dabei? Selbst dann folgte er mir, legte sich auf meine andere, von der Mutter abgewandte Seite und berührte mich wie üblich, wobei er ihre Anwesenheit völlig ignorierte. Da meine Mutter Schlaftabletten nahm, war Nicolas sich ziemlich sicher, dass sie fest schlafen würde. Sie griff nie ein, wenn ich ganz offensichtlich am helllichten Tag belästigt wurde, sodass ich annehme, ich hätte keine andere Reaktion von ihr erwartet, wenn sie den Missbrauch direkt neben sich im Bett bemerkt hätte. Ich habe das Gefühl, dass ich 16 Jahre wach verbracht habe, ständig auf der Flucht vor diesem Mann bei dem Versuch, in einem leeren Bett oder auf der Couch etwas Schlaf zu bekommen. Er folgte mir immer.

Wenn meine Mutter zuhause war, bestand Nicolas immer darauf, dass ich zu ihnen ins Schlafzimmer kam und ihnen beim Geschlechtsverkehr zusah. Das war ihm nicht genug, sodass Nicolas mich zwang mitzumachen, auch wenn ich mich angeekelt wehrte. Er bestand darauf, dass ich im Bett blieb, während sie beide nackt aufeinanderlagen. Das nannte er eine „Lernerfahrung" zu meinem Besten. Oft ließ er mich Schlagsahne holen, die ich auf die Brüste meiner Mutter schmieren sollte. Während ich gezwungenermaßen das Sexleben meiner Eltern beobachtete, war ich neidisch auf meine Geschwister, denen auf der anderen Seite des abgeschlossenen Schlafzimmers, in dem ich mich befand, eine sorglose Kindheit gewährt wurde. Nicolas achtete immer darauf, die Schlafzimmertür abzuschließen und den Schlüssel so hoch zu legen, dass ich nicht herankommen konnte, um den Raum zu verlassen. Selbst wenn ich hätte wegrennen können, wohin? Er bekam immer, was er von mir wollte, mit seinen immer weiter zunehmenden altersentsprechenden Drohungen.

Seit der ersten Zeit des Missbrauchs begann Nicolas, mit mir in Code zu sprechen. Er gab den Genitalien und Brüsten kindische Spitznamen. So nannte er etwa seinen Penis „Lola". Dann konnte er freizügig darüber reden, vor allen Leuten, ohne dass jemand annehmen würde, dass es um etwas rein Sexuelles ging. Auf diese Weise wurde alles zu einem Spiel, und der sexuelle Bezug war in seinem Geist abgekoppelt – aber nicht in meinem! Ich fühlte mich angeekelt, schmutzig, beschämt, und lebte in ständiger, grenzenloser Angst vor meinem eigenen Vater in meinem eigenen Heim. Ich hasste meine Kindheit, meine Jugend und meine Zeit als Heranwachsende.

Wenn das die Hölle ist, dann war ich zweifellos mitten drin, und es gab keinen Ausweg. Ich saß in der Falle, und dieser Mann hatte alle Macht über mich. Er war besessen von meinem Dasein, teils für seine eigene Befriedigung und teils aus Furcht, dass ich etwas sagen könnte – anders kann ich es mir nicht erklären. Ich kann mir nicht vorstellen, dass er keine Angst hatte, dass sein schmutziges Geheimnis eines Tages herauskommen würde und er dann in riesigen Schwierigkeiten wäre. Er war klug genug, mich all diese Jahre glauben zu machen, dass, wenn „unser"

Geheimnis herauskommen sollte, ich bestraft würde und nicht er. Ich würde ins Gefängnis gehen. Er hatte mir oft gedroht, mich in ein Jugendheim zu schicken, wenn ich nicht mitmache. Ich hatte natürlich gesehen, wie leicht es für ihn war, regelmäßig meine Mutter loszuwerden, mit einem einfachen Telefonanruf.

Es blieb mir nichts anderes übrig, als zu glauben, dass das, was er sagte, richtig war. Schließlich war er der Erwachsene, und ich hatte sonst niemanden, der mir gesagt hätte, dass das Gegenteil der Fall war. Er sorgte dafür, dass ich unwissend blieb. Wenn ich in meiner Jugendzeitschrift von „sexuellem Missbrauch" las, sagte ich mir immer, im Interesse meines eigenen Überlebens, dass es dabei nicht um mich ging. Ich redete mir ein, dass sexueller Missbrauch immer mit Gewalt verbunden sei, und was mein eigener Vater tat, war schließlich „medizinisch" und in keiner Weise sexuell. Ich weiß nicht, wie es ist, sorgenfreie Jahre mit bedingungsloser Fürsorge und Liebe der Eltern zu genießen. Ich hatte nie die Gelegenheit, diese reine Liebe zu erleben, die ich glücklicherweise jetzt meinen eigenen Kindern geben kann.

Immer wenn ich meinen Vater naiv fragte, wann er endlich aufhören würde, antwortete er, dass er aufhört, wenn ich ihm beweise, dass mir gefällt, was er macht, weil ihm das zeigen würde, dass die Lernerfahrung erfolgreich war. Offenbar wäre das mein „Abitur". Seine genauen Worte waren: „Ich muss einen Engel in deinem Gesicht lächeln sehen." Ihr könnt euch selbst vorstellen, was er damit meinte. Aber während dieser 16 furchtbaren Jahre bekam er von meinem Gesicht nur Tränen, Angst und tiefen Ekel. Er sagte sogar, dass er weitermachen werde, wenn ich selbst Kinder habe. Er sagte, dass er meine Muttermilch trinken werde nach der Entbindung, direkt von der Quelle. Allein wegen dieser widerlichen Äußerung wollte ich, als ich jünger war, nie eigene Kinder haben. All dies geschah in meinem Paralleluniversum, während andere Kinder in meinem Alter eine fröhliche Kindheit genossen. Ich war leider sehr neidisch.

Über die Jahre hatte ich mein Lächeln perfektioniert, hinter dem sich ein schmerzliches Doppelleben verbarg. Ich wurde scharf beobachtet, damit niemand Verdacht schöpfen könnte, dass ich missbraucht wurde. Was wäre gewesen, wenn ich nicht so getan hätte, als sei alles in Ordnung? Ich wage nicht daran zu denken. Es gab zahlreiche stumme Hilferufe und Zeichen von Missbrauch, aber niemand sprach offen darüber oder unternahm etwas, weder innerhalb noch außerhalb der Familie. Nicolas war eine charismatische christliche Persönlichkeit, der sich selbst mit Gott verglich. Er genoss Respekt und Anerkennung für seine scheinbare Großmut und Freundlichkeit. Der Anschein kann täuschen...

Von den sechs Kindern war ich diejenige, die oft mit Nicolas um die Welt fuhr auf seinen Geschäftsreisen. Ich folgte ihm zu weit entfernten Orten, darunter Tokio, Hong Kong, Macau, Singapur, Toronto, Los Angeles und Dubai. An der Hotelrezeption sorgte er immer dafür, dass wir ein einzelnes Doppelbett bekamen und nicht zwei einzelne Betten, zur Überraschung der Angestellten, da ich bereits ein Teenager war und später eine junge Erwachsene. Häufig hatte ich das Gefühl, dass die Rezeptionisten denken mussten, ich wäre nicht seine Tochter, sondern eine Art von Hostess/Prostituierter, die er zu seinem Vergnügen bezahlte. Oft zwang er mich zusammen mit ihm auf dem Hotelzimmer pornografische Filme zu sehen. Ich war ihm vollständig ausgeliefert, fern von meinem Heim, obwohl ich mich auch dort nie sicher fühlte.

Er hatte mich zu seinem Liebling gemacht, und ich erhielt eine endlose Flut von Geschenken, während die anderen fünf Geschwister gering geschätzt und benachteiligt wurden. Sie bekamen oft meine alten Sachen, die ich nicht mehr brauchte. Diese offensichtliche Begünstigung durch Nicolas weckte in mir nichts als Schuld- und Schamgefühle – sie waren ja meine Brüder und Schwestern, und nichts an dieser Lage fühlte sich richtig an oder war logisch, es isolierte mich nur weiter. Alles, was ich damals wollte, war eine Verbindung zu meinen Geschwistern und das Gefühl von Liebe und Sicherheit, wie jedes andere Kind. Als ich zehn Jahre alt war, brachte mir Nicolas, gestört wie er war, etwa 30 sexy Dessous aus Hong Kong mit, die ich tragen sollte, sowie eine teure Bruststraffungslotion von *Clarins*.

Ich habe lange gezögert, ob ich in diesem Buch Beispiele des Missbrauchs enthüllen sollte, aber ich bin zu dem Schluss gekommen, dass ich, wenn ich zur Prävention beitragen will, auf die Warnzeichen hinweisen muss, an denen man Sextäter und

Pädophile erkennt, indem ich ihre Vorgehensweise analysiere. Je mehr Bewusstsein wir für die Existenz dieser widerlichen Männer und Frauen in unserer Gesellschaft erzeugen, desto eher werden potenzielle Täter noch einmal nachdenken, ehe sie erwägen, mit ihren dreckigen Händen ein Kind zu berühren.

Ich wurde wie eine Prinzessin behandelt, und Nicolas stellte mich immer auf einen Sockel, weil ich die gute, folgsame Schülerin war und seine hübsche Tochter, mit der er gern angab. Die gesunden Grenzen zwischen Vater und Tochter waren vollständig zerstört. Nicolas' Verhalten führte indirekt dazu, dass meine Geschwister schon früh böse und neidisch auf mich waren, verständlicherweise – wer würde nicht widersprechen, wenn ein Kind so völlig anders behandelt wird als die anderen? In der Grundschule und später in der weiterführenden Schule waren die anderen Kinder neidisch und „wünschten, sie wären ich", da sie mitbekamen, wie viel ich reiste und wie ich immer wieder mit großzügigen Geschenken überhäuft wurde. In meinen Gedanken wünschte ich nur, ich hätte ihnen sagen können, dass ich eingesperrt und verzweifelt unglücklich war. Hätten sie nur die dunkle Wahrheit gewusst, dann hätten sie nicht so über mich gedacht.

Trotz Nicolas' scheinbarer Fürsorglichkeit war er überraschenderweise zugleich physisch sehr brutal, was eine sehr verstörende Erfahrung war, vor allem, wenn ich von meinem eigenen Vater misshandelt wurde. Interessanterweise ersparte er dies meinen vier jüngeren Geschwistern, und nur Andreas, meine Mutter und ich mussten seinen Jähzorn ertragen. Nicolas war grausam. Manchmal nahm er einen Löffel oder eine Gabel, erhitzte sie in der Gasflamme oder auf dem Herd und presste sie dann auf unsere bloße Haut, um uns zu verbrennen. Er schien bei diesen niederträchtigen Handlungen Befriedigung zu empfinden. Als ich vier Jahre alt war, weigerte ich mich, das Rührei auf meinem Teller aufzuessen. Nicolas nahm eine Gabel, hielt sie ins Feuer, bis sie extrem heiß war, und verbrannte mir damit den Handrücken. Dabei fühlte ich die kochend heiße Verbrennung auf meinem Fleisch und schrie vor Schmerzen. Ich habe seitdem mit der Narbe von dieser Gabel auf meiner Hand als sichtbare Erinnerung an seine Brutalität gelebt. Nicht alle Narben waren sichtbar. Andreas hatte einige sehr deutliche Verbrennungsmarken an seinem Körper, deren Ursprung er vergessen zu haben schien. Vielleicht blockierte sein Gedächtnis, um ihn zu schützen?

Nicolas war sehr aggressiv zu seiner Frau und fesselte sie oft mit Seilen an die Heizkörper, sodass sie sich nicht verteidigen konnte. Einmal zerrte sie zur Selbstverteidigung an seinen Hoden, worüber ich gelinde gesagt sehr erfreut war: nicht nur, dass ich sah, wie sie für sich selbst einstand, sondern er erhielt auch etwas von seiner eigenen Behandlung zurück. Ich erinnere mich lebhaft an einen Familienausflug an die belgische Küste. Ich muss ungefähr acht gewesen sein, Mira war damals noch ein Baby. Im Hotelzimmer befahl Nicolas Nelly, Miras Windeln zu wechseln, worauf sie entgegnete, dass er es tun solle. Er geriet gleich in Zorn, und während er Mira trockenlegte, schaufelte er ihren Kot aus der schmutzigen Windel und steckte ihn meiner Mutter mit Gewalt in den Mund. Als wäre das nicht erniedrigend genug, schlug er sie mit dem Schlüsselbund auf die Schenkel, bis sie grün und blau war und vor Schmerzen heulte und wimmerte.

Das Leben ging weiter, und der nächtliche Missbrauch ebenso. Der Überlebensinstinkt lief auf Hochtouren, und wie ich mich auch verteidigen mochte, ich hatte absolut keine Chance gegen einen Erwachsenen. Bei jeder Widerrede rechtfertigte mein Vater seine Handlungen, abhängig von meinem Alter, indem er sagte, es sei pädagogisch, medizinisch oder einfach normal. Ich war sehr verwirrt. Liebte mein Vater mich? War ich wirklich etwas Besonderes? Benutzte er mich nur? Wie konnte er den Missbrauch vor sich selbst rechtfertigen, sodass er sein Handeln für richtig hielt? Wie konnte er mich lieben, wenn er mir zugleich Unrecht tat? Warum hatte ich der Liebling zu sein? Wie sehr wünschte ich mir, eine meiner Schwestern zu sein, die während der Nacht durchschlafen konnten. Wie wünschte ich mir, nicht ausnahmslos in jeder Nacht Angst zu haben. Ich entwickelte Hass auf diesen Mann, während alle anderen ihn liebten. Ich kannte sein wirkliches Gesicht und musste still sein und lächeln. Auch wenn ich ihn schlug und kratzte, um mich zu wehren, war er doch stets stärker als ich.

Als ich vierzehn wurde, nahm ich in kurzer Zeit zehn

Kilo ab, aber niemand schien sich daran zu stören oder diesen Hilferuf wahrzunehmen. Ich fühlte mich, als wäre ich unsichtbar für die Welt und die Menschen darin. Bewusst oder unbewusst wollte ich keine der weiblichen Merkmale haben, die mir die Pubertät brachte. Meine Periode setzte aus, meine Brüste verschwanden und ich lebte von einer einzigen Scheibe Brot am Tag. Der physische, sexuelle und psychologische Missbrauch ging weiter, und niemand war beunruhigt davon, weder die Lehrer noch die Familie. Niemand schien irgendwelche Stresssymptome bei mir wahrzunehmen, und ich war zu ängstlich, um etwas zu sagen. Ich war alleingelassen, dem Leiden ausgesetzt, das dieser widerliche Mann mir täglich aufzwang. Niemand wunderte sich oder hinterfragte, warum er morgens in meinem Bett aufwachte, dem Bett seiner Tochter, niemand machte sich nähere Gedanken darüber, es wurde einfach zur normalen Routine. Es ist kaum vorstellbar, dass all dies wirklich in einer Familie passieren konnte.

Die Jahre vergingen, der Missbrauch ging weiter und ich führte ein furchtbares Doppelleben. Tagsüber verrichtete ich meine Aufgaben mit sehr wenig Schlaf, und das Adrenalin, das durch meinen Körper rauschte, muss mich im Überlebensmodus gehalten haben. Ich passte mich meinen Altersgenossen an, ich hatte Posters der Backstreet Boys an meinen Wänden, stand auf B-Rok und kaufte regelmäßig jeden Donnerstag ein deutsches Jugendmagazin, die *Bravo*, für 52 Luxemburgische Franken. Ich war eine Streberin, bekam gute Noten und lächelte nach außen. Die Maske, die ich trug, um meine Schmerzen zu verbergen, war überzeugend. Dann, bei Nacht, kam die Angst vor dem schrecklichen und abscheulichen Mann, der in mein Zimmer kam.

Sextäter sind selten Menschen von außerhalb der Familie. Sie beschönigen den Missbrauch während der Jahre, in denen sie ihren perversen Gelüsten nachgehen, und konditionieren ihr Opfer von Kindheit an zu glauben, dass dieses Verhalten normal sei für einen Vater oder einen anderen Verwandten. Während ich aufwuchs und bewusster wurde, konnte ich mehr und mehr verstehen, dass der Missbrauch nicht „normal" war, aber 16 Jahre lang sprach ich mit niemandem darüber, aus tiefster Angst und Scham, die sich in meine Seele gruben, sondern ich schob es ständig von mir, um das Geheimnis zu bewahren. Die möglichen Folgen, die es haben würde, wenn ich etwas gesagt hätte, erschienen mir so überwältigend, dass ich sie überhaupt nicht erfassen konnte.

Ich hatte gesehen, wie mein Vater ohne Weiteres meine Mutter monatelang in der Psychiatrie einsperrte. Sie hatte keine Stimme. Das war genau das, was auf mich zugekommen wäre, wenn ich mich gegen jemanden wie ihn aufgelehnt hätte. Was, wenn es alles noch viel schlimmer machen würde? Wie sollte ich damit fertigwerden? Ich sah genau die Raserei meines Vaters vor mir, wenn ich mir in Gedanken sein wutverzerrtes Gesicht vorstellte und den Zorn in seiner Stimme hörte. Und wer sollte mir glauben, wenn seine Worte gegen meine standen? Was, wenn ich irgendwie den Mut fände, mich jemandem anzuvertrauen, und sie mir nicht glaubten? Ich hatte auch das merkwürdige Gefühl, meinen Vater zu verraten, und wie sollte ich das tun? Es war leichter und besser zu schweigen. Irgendwie musste es doch meine Schuld sein, redete ich mir ein.

Seit der ersten Zeit des Missbrauchs fragte ich Nicolas, warum er mich und nicht die anderen Schwestern anfasste. Seine Antworten gingen immer in die Richtung, dass die anderen Schwestern das nicht „brauchten". Wie er sagte, war ich die schüchterne und hässliche der vier Schwestern und musste „aus mir herauskommen". Er meinte, die anderen drei seien aufgeschlossene Mädchen und ich „besonders" und anders. Er sagte, sie fühlten sich wohl in ihren Körpern, während ich immer meine Brust hinter meinem langen Haar verbarg, weil ich äußerst schüchtern war. Wie sollte ich mich auch jemals wohlfühlen in meinem Körper, den er ständig zu seiner eigenen Befriedigung missbrauchte? Dieser Mann zerstörte mein Selbstwertgefühl, ehe es auch nur eine Chance hatte, sich gesund zu entwickeln. Scheinbar brauchte ich mehr „Hilfe". Viele Jahre später verteidigte Nicolas sich während des Strafprozesses mit der Behauptung, dass ich das einzige seiner Kinder war, das die „Geisteskrankheit" meiner Mutter geerbt habe, weshalb ich natürlich mehr Aufmerksamkeit benötigte. Natürlich ließen sich die Richter nicht darauf ein.

Da das Geheimnis unter uns bleiben sollte, schärfte mein Vater mir ein, dass „die Anderen das nicht verstehen würden". Um damit fertigzuwerden – denn obwohl ich eine Menge meiner Gefühle verdrängte, waren sie immer da und bedrängten mich –, begann ich, nach Grundlagen zu suchen, um mich zu reinigen. Früh schon betete ich jeden Tag, und ich ging allein zur Kirche und beichtete, was ich getan hatte, in dem starken Glauben, dass ich schuld daran war. Ich empfand die Kirchenbesuche als Quelle eines reinen Gewissens, das ich für mein Überleben brauchte. Es schien mir, dass der Missbrauch zumindest zeitweilig ausgelöscht war, wenn ich jede Woche dort hinging. Woche um Woche ging dieser absurde Kreislauf weiter. Ich fühlte mich sehr schmutzig, als hätte ich etwas Falsches getan. Jede Woche erhielt ich Vergebung. Wie konnte die Welt eines kleinen Mädchens so entstellt werden durch die Taten eines gestörten Mannes? Meine Mutter hielt nichts von meinen wöchentlichen Kirchenbesuchen und lachte mich dafür aus, dass ich dort hinging. Ich fühlte mich in der Kirche fehl am Platz. Außer mir waren da immer dieser portugiesische Nachbar, der auf dem Boden kniete, und ein paar ältere Leute. Die einzigen jüngeren Leute, die ich jede Woche sah, waren ein paar, die von ihren Eltern gezwungen wurden zu kommen, und die Ministranten.

Der Missbrauch war sauber und praktisch verpackt und wurde mir präsentiert in Form von Geschenken, Fürsorge und Liebe. Er wurde immer altersentsprechend als „Lernerfahrung" gerechtfertigt, um zu „wissen, wie man später mit einem Mann umgeht", oder mit dem Argument, „dass alle Väter das tun". Ich konnte nicht verstehen, wie eine Autoritätsperson, die Liebe und Schutz gewähren soll, ihrem Kind so viel widerlichen Schaden zufügen konnte. Ich empfand viele widerstreitende Gefühle, da ein Teil von mir fühlte, dass es falsch sei, während ein anderer Teil von mir glaubte, es müsse in Ordnung sein, weil Nicolas ja letztendlich ein fürsorglicher Vater war. Ich funktionierte weiterhin und bekam Bestnoten mit dem wenigen Schlaf, der mich am Leben hielt.

Ich war sehr froh, für mein Studium nach England zu ziehen, und hoffte, dass der räumliche Abstand den Missbrauch beenden würde, aber Nicolas folgte mir dorthin. Er engagierte einen Privatdetektiv, um jede meiner Bewegungen zu beobachten und jeden Menschen zu überwachen, mit dem ich in Kontakt kam, um ihn dann gründlich zu durchleuchten und zu vertreiben. Nicolas war besessen von mir und niemand sonst durfte Zugang zu mir haben. Ich gehörte ihm, und wenn ich nicht tat, was er wollte, bedrohte er mich auf die schrecklichste Art und Weise. Viele Jahre waren vergangen, aber die Abrichtung dieses kleinen Mädchens funktioniert bei ihr noch, als sie eine junge Erwachsene geworden war, sodass er die vollständige Kontrolle erlangte. Äußerlich wirkte ich wie eine unabhängige, lächelnde, gebildete, völlig funktionstüchtige Gesundheitsexpertin. Die Realität hinter der Maske war eine völlig andere. Dieser gestörte Mann kontrollierte jede meiner Bewegungen und alle Menschen, zu denen ich Kontakt hatte – er war für alles zuständig.

Während meiner ersten Studienjahre hatte ich einen attraktiven und liebenswerten Mann über ein Luxemburger Online-Quiz-Forum kennengelernt. Luke hat grüne Augen, ein breites Lächeln und ist ein gewandter Redner. Er isst abends oft Schoko-Croissants und mag keine exotischen Früchte. Bis zu diesem Zeitpunkt hatte ich nie erlebt, wie es ist, eine Beziehung mit einem Mann zu haben. Trotz der großen Entfernung war Luke sehr liebevoll und gab mir all die Aufmerksamkeit, die sich eine Frau nur wünschen konnte. Er war sehr achtsam und investierte viel Arbeit, damit ich mich schön und geliebt fühlte. Bei jedem besonderen Anlass überraschte er mich. Das war ich überhaupt nicht gewohnt. Ich kannte keine solche ehrliche, romantische und respektvolle Art einer Beziehung. Ich erwiderte Lukes Aufmerksamkeit nicht auf dieselbe Weise, weil ich überwältigt war und vielleicht an Lukes wahren Absichten zweifelte. Bisher hatte ich nur erfahren, dass jemand anderes meinen Körper zu seiner Befriedigung missbrauchte, und ich verstand nicht, dass ein Mann mich wirklich um meiner selbst willen lieben könnte. Bald entdeckte Nicolas diese Beziehung und fragte mich danach aus. Er wollte alle Einzelheiten wissen, obwohl er – ohne meine Kenntnis – bereits alle Antworten wusste, weil er auf meine E-Mail-Konten zugriff, meine Textnachrichten auf sein Handy umleitete und Berichte des Privatdetektivs besaß. Es gab keinen Spielraum zum Lügen, selbst wenn ich gewollt hätte – er wusste es immer genauer.

Einmal fuhr ich zurück nach Luxemburg und besuchte Luke, natürlich mit Zustimmung von Nicolas. Ich hatte ihm die genaue Zeit und den Ort zu melden, und während jedem meiner Treffen mit Luke rief mein Vater an und verlangte ihn zu sprechen. Er war sehr gegenwärtig in unserer Beziehung, als sei er ein Teil davon. Ich fühlte mich in dieser Beziehung nie frei, da sie von meinem Vater gelenkt und beobachtet wurde. Ich schien überhaupt keine Kontrolle zu haben, da jede meiner Bewegungen und jedes gesprochene oder geschriebene Word überwacht wurden. Als die Beziehung einige Monate gedauert hatte, verlangte mein Vater, Lukes Eltern zu treffen. Ich wollte das nicht, aber mein Vater bestand darauf, entweder das, oder ich würde Luke nie wiedersehen. Da ich keine andere Wahl hatte, sagte ich es Luke, wenn auch ungern, und er war ebenso überrascht von diesem Anliegen wie ich.

Der Tag war da, ein heller Sommertag, und mein Vater ließ mich zu Lukes Haus fahren. Seine Mutter öffnete die Tür, ebenfalls überrascht über diese merkwürdige Vorstellung. Sie hatte auch mich bis dahin noch nicht kennengelernt und fragte sich natürlich, was es mit dieser Frau in ihrem Haus auf sich hatte, die in Begleitung ihres Vaters kam. Sie hatte Kaffee und Kuchen vorbereitet und bat uns freundlich herein. Lukes Vater saß uns gegenüber und Nicolas fing an, über alle möglichen Themen zu reden. Ich war peinlich berührt, um es milde auszudrücken, und das Gefühl der Gefangenschaft war mir sehr vertraut. Das Empfinden, nicht ich selbst sein zu dürfen, weil jemand anderes meine Bewegungen und Worte kontrolliert, war mir gut bekannt. Offenbar hatte ich nie erfahren, wie es ist, keine Marionette zu sein, sondern die Freiheit zu genießen, die für Menschen in meinem Alter als normal gilt. Wie sehr wünschte ich damals, eine freie Erwachsene zu sein.

Während der Unterhaltung wich Nicolas auf einmal vom Small Talk ab und ging direkt über zum Sex Talk. Er erhob seine Stimme und begann Luke zu belehren, dass er, falls er mich je schwängern sollte, die volle Verantwortung übernehmen müsse und dass es nicht leicht sei, ein Kind aufzuziehen, da er selbst sechs Kinder großgezogen hatte. In diesem Moment wollte ich mich nur unter dem Tisch verkriechen. Ich konnte nicht glauben, dass mein Vater weiter über Sex sprach, als sei das ganz normal bei der ersten Begegnung mit den Eltern des neuen Freundes. Ich entschuldigte mich vielmals bei Luke in der Hoffnung, dass dieses merkwürdige Treffen ihn nicht abschrecken würde, wie Nicolas offensichtlich gehofft hatte. Luke räumte ein, dass all das unangemessen gewesen war, aber er sagte, dass er mich immer noch liebte und über das Geschehene hinwegsehen würde.

Einige Jahre vergingen, und Nicolas fühlte sich bedroht von Lukes zunehmender Präsenz in meinem Leben, aber irgendwie war es ihm recht, dass ich in eine Fernbeziehung „eingeschlossen" war. Auf diese Weise konnte ich mit niemand in England physisch ausgehen und zugleich konnte ich Luke nicht regelmäßig physisch treffen. Vielleicht ahnte er, dass sein Geheimnis allmählich herauskommen würde? Meine Beziehung zu Luke war ihm sehr unangenehm. Als es ernster zwischen uns wurde, wies Nicolas mich an, Luke zu verlassen. Wenn nicht, sagte er mir, würde er Lukes Ansehen schaden und mit seinen Eltern reden. Ich war zu der Zeit 23. Ich konnte nichts sagen, keinen Joker einsetzen. Alles, was mir zu tun blieb, war zu gehorchen. Ich schrieb dann einen langen Brief an Luke, in dem ich ihm mitteilte, dass ich mich von ihm trenne, und mich entschuldigte und schrieb, dass es an mir liege und nicht an ihm. Der Brief wurde von Nicolas gelesen und bestätigt. Ich versicherte Luke, dass er nichts falsch gemacht habe und dass jedes Mädchen, das mit ihm zusammenkomme, sich glücklich schätzen könne. Ich fühlte mich sehr eingesperrt, in einem Alter, in dem junge Erwachsene frei sind und ihre eigenen Entscheidungen treffen, hinfahren, wo und wann sie wollen. Ich wünschte, ich wäre eine von ihnen. Luke reagierte natürlich mit Schock, Ärger und Trauer. Er sagte, dass ich nur mit seinen Gefühlen gespielt hätte, und gab mir den Eindruck, dass ich ein schlechter Mensch sei. Ich nahm das so hin, da ich ihm ja nicht die Wahrheit sagen konnte, die niemand glauben würde.

Nach Jahren des Missbrauchs hatte natürlich auch mein eigenes Körperbild gelitten. Ich hatte nichts über die gesunden Grundlagen und Grenzen gelernt, die notwendig waren, um meinen Körper zu respektieren. Ich hatte das Gefühl, dass mein Körper mich verraten hatte. Mein Eindruck war, dass ich nur deswegen missbraucht wurde, weil mein Körper beschlossen hatte, weibliche Merkmale in einem frühen Alter zur Schau zu stellen, was mich unglaublich hemmte. Ich wünschte mir wirklich, dass ich ein Junge wäre. Im Alter von 12 Jahren blühte ich schnell auf und bekam einen großen Brustumfang, während der Rest meines Körpers schmal blieb. Ich erinnere mich, wie meine Mutter mich von ihrem üblichen Platz auf der Couch anschrie und vor allen bloßstellte, als ich ihr erzählte, dass ich meine erste Periode hatte. So lange ich zurückdenken kann, habe ich immer versucht, meine Brust zu verstecken. Wenn gerade diese Brüste der Grund sind, weshalb Erwachsene beginnen, dich zu missbrauchen, dann entwickelst du Ekel und Hass gegenüber deinem eigenen Körper. Ich habe nie akzeptiert, ein Mädchen zu sein.

Während meines Studiums beschloss ich ganz bewusst, mit intensivem Gewichtheben zu beginnen. Das ursprüngliche Ziel war es, meine Brustgröße zu reduzieren, was aber nicht gelang, weil Brüste aus Fettgewebe bestehen. Die populäre Ansicht, dass weibliche Bodybuilder ihre weiblichen Merkmale verlieren, motivierte mich stark dazu, mit diesem ungewöhnlichen Hobby weiterzumachen. Ich war regelrecht besessen, und jahrelang verbrachte ich jede freie Minute vor und nach der Arbeit mit Gewichtheben im Studio. Die Vorstellung einer geringeren Brustgröße bestimmte jeden wachen Augenblick, da ich überzeugt war, dass damit alles besser würde. Mein ganzes Denken konzentrierte sich darauf, wie ich jeden Tag 100 Gramm Protein zu mir nehmen würde, und wenn ich einmal einen

Tag nicht Gewichtheben konnte, empfand ich ein unglaubliches Schuldgefühl. Ich nahm Supplemente und Molkenprotein ein, um die Muskelmasse rasch zu vergrößern. Es entwickelte sich zu einer ungesunden Angewohnheit, die mir aber irgendwie eine gewisse Kontrolle meiner Lage erlaubte. Es ist leicht, in einen solchen Teufelskreis zu verfallen, egal, was man unternimmt.

Im Lauf der Jahre wurden die Drohungen meines Vaters immer intensiver, und ich fürchtete um mein Leben. Nicolas war heuchlerisch und hielt seine Fassade makellos aufrecht. Von außen betrachtet war er ein fürsorglicher Vater und großzügiger Christ, aber ich allein kannte seine andere, dunkle, widerwärtige Seite, konnte dies jedoch mit niemandem teilen. Ich wuchs mit so viel Ekel vor diesem Mann auf. Ich war allein damit, viele Jahre lang war das kleine Mädchen allein mit ihrem Kampf, jede einzelne Nacht. Egal, wie sehr ich mich wehren mochte, er war physisch und psychisch stärker und hatte volle Kontrolle. Ich war ihm völlig ausgeliefert und niemand konnte mir helfen. Sie wussten nicht einmal davon, um Himmels Willen. So tragisch und armselig war das alles.

Nicolas entdeckte sogar neue Zwangsmaßnahmen, um mich als Erwachsene zu kontrollieren und zu missbrauchen. Obwohl ich eine gut ausgebildete Fachkraft war, zwang Nicolas mich, mein gesamtes Gehalt auf sein Konto zu überweisen, sodass ich kaum Geld für mich hatte, gerade genug zum Tanken, damit ich jeden Tag zur Arbeit fahren konnte. Er machte mich mit meinem eigenen Geld finanziell von sich abhängig. Er leitete all meine Anrufe und Nachrichten auf sein Handy um und kannte jede meiner Bewegungen und Kommunikationen, entweder indem er mich physisch stalkte oder durch die Informationen, die er von seinem Privatdetektiv erhielt. Oft tauchte er unangekündigt in England auf und bedrohte Leute, mit denen ich in Kontakt war, dass er ihrem Ansehen in irgendeiner Weise Schaden zufügen würde, wenn sie mich nicht in Ruhe ließen. Noch mit 26 Jahren achtete ich stets darauf, jeden Männernamen auf meinem Handy unter einem erfundenen Frauennamen zu speichern.

Während meines ersten Auslandsjahrs lieferte der Detektiv Nicolas „Geheimnisse" über meine neuen Freunde. Eines Tages kam ich in meine Wohnung und fand dort Nicolas am Tisch mit all meinen Freunden. Ich hatte keine Ahnung, was da vor sich ging. Ich konnte nur hilflos zusehen, wie mein Vater jedem Einzelnen von ihnen drohte, ihren Eltern ihr jeweiliges „Geheimnis" zu verraten, wenn sie mit mir in Kontakt bleiben sollten. Ich war sprachlos, peinlich berührt, und wie so oft fühlte ich, dass ich keinen eigenen Willen hatte. Ich konnte nichts sagen und hatte so keine Freunde während des ersten Jahres, das für jeden neuen Auslandsstudent eine aufregende Zeit sein sollte. Natürlich waren sie zutiefst verschreckt von diesem Mann, der sie bedrohte. Er sorgte dafür, dass sein dunkles Geheimnis nicht herauskam, das ihn als das Monster bloßgestellt hätte, das er war, während ich mit minimalem Kontakt zu meiner

Umwelt leben musste. Ich bin mir nicht sicher, wie lange er dachte, dass diese Strategie funktionieren würde, aber überraschenderweise funktionierte sie eine sehr lange Zeit.

Im Alter von 25 hatte ich eine Verabredung mit einem Mann, den ich online kennengelernt hatte – ja genau, wieder online. James war sehr groß, hatte eine Igelfrisur und war Arzt. Nachdem ich meinem Vater alle Einzelheiten zu Zeit und Ort und allem, was ich über den Mann wusste, gegeben hatte, machte ich mich auf den Weg, um ihn in einer Lounge in der Stadt zu treffen. Das Treffen lief gut, und James und ich küssten uns, wie man das so tut. Als ich heimkam, fand ich Nicolas vor, der im dunklen Wohnzimmer saß und auf mich wartete. Ich merkte, dass er wütend war. Er fragte mich in allen Einzelheiten aus, was genau ich mit James getan hatte. Ich wollte das Detail auslassen, dass wir uns geküsst hatten, und so klärte Nicolas mich freundlich darüber auf, dass er die ganze Zeit in einer dunklen Ecke dieser Lounge gesessen und uns beobachtet hatte. Ich war wirklich entsetzt über diesen Satz, da das Stalking eine neue Dimension angenommen hatte. Nicolas begann zu weinen und teilte mir mit, dass ich, wenn ich ihn in dieser Nacht nicht an mich heranlasse, James nie mehr wiedersehen würde. Zu dem Zeitpunkt war ich 25 Jahre alt und eine anerkannte vollzeitbeschäftigte Fachkraft. Dieser widerliche Mann missbrauchte mich noch in derselben Nacht und verbot mir dennoch James jemals wiederzusehen. Ich hasste mein Leben von Morgen bis Abend, durch die Nacht hindurch und wieder von vorne.

Wie ich dies schreibe, klingt es für mich unglaublich, wenn ich an alles zurückdenke, und so vermute ich, dass es beim Lesen noch unglaublicher und praktisch unmöglich zu verstehen ist, wie dies nicht nur geschah, sondern eine so lange Zeit weiterging. Aber dadurch, dass der Täter ein Kind sehr früh konditioniert, erhält er später volle Kontrolle über die Erwachsene: Egal wie gebildet oder reif das Kind wird, drinnen bleibt immer das verängstigte kleine Mädchen.

Vielleicht erinnerst du dich an die Zeichnung von dem Elefanten vor diesem Kapitel? Dieser große, starke Elefant ist mit einem schwachen Seil angebunden. Der Elefant könnte sich ohne Weiteres losreißen, tut es aber nicht; warum?

Als ein Mann an den Elefanten vorbeikam, hielt er plötzlich an, verwirrt, warum diese riesigen Tiere von einem einfachen dünnen Seil gehalten wurden, das um ihr Vorderbein gebunden war. Es gab keine Ketten und sie wurden nicht in einem verschlossenen Käfig gehalten. Der Mann ging zu einem Elefantenführer in der Nähe und fragte ihn, warum die Tiere nicht einmal den Versuch machten sich zu befreien, wo sie es doch so einfach könnten. Der Treiber antwortete: „Wenn sie ganz jung und viel kleiner sind, verwenden wir ein genauso starkes Seil, um sie anzubinden, und in dem Alter genügt das, um sie zu halten. Wenn sie aufwachsen, sind sie daran gewöhnt zu glauben, dass sie sich nicht losreißen können. Sie glauben, dass das Seil sie immer noch halten kann, und so versuchen sie nie auch nur sich loszureißen."

Wie der Passant sich gewundert hat, warum diese Elefanten sich nicht mit einem einfachen Schritt selbst befreien, so haben mich viele Leute gefragt, warum ich keine Anzeige erstattet habe, als ich jünger war, sobald mir klar wurde, dass dieser Missbrauch in keiner Weise „normal" war. Wie der Elefant war ich Tag um Tag, seit dem Alter von 9 Jahren, abgerichtet worden zu glauben, dass ich keine Kraft hätte mich loszureißen. Immer wieder wurde mir gedroht, dass ich diejenige sei, die bestraft werde, falls dieses Geheimnis gelüftet würde. Diese Konditionierung eines kleinen Mädchens, die von frühem Alter an eingeflößte Angst, war mit 26 noch genauso gegenwärtig wie mit 9.

Dieser starke Glaube, dass der Täter die höchste Gewalt über mich hatte – und er sorgte durch seine Allgegenwart in meinem Leben dafür, mich daran zu erinnern –, war hinreichend, sodass ich stillhielt und mit Scham und Schuldgefühlen weiterlebte. Es überrascht mich nicht, wenn ich höre, dass Überlebende 15 Jahre gewartet haben, ehe sie etwa über Missbrauch durch Priester reden. Ich verteidige sie immer, wenn Leute, die keine Vorstellung davon haben, was es bedeutet, durch diese Hölle zu gehen, beiläufig bemerken: „Warum haben sie nicht eher etwas gesagt?" Zu Nicolas' Unglück habe ich aber auch das ausgezeichnete Gedächtnis eines Elefanten und konnte auf der Polizeiwache seitenweise Einzelheiten niederschreiben, sogar über Missbrauch, der 16 Jahre zuvor passiert war. Ein Elefant vergisst nie.

Auf dem Höhepunkt dieser Drohungen und unter absolut fester Kontrolle kamen mir als Ausweg sehr dunkle Gedanken, alles zu beenden, aber wie froh bin ich, dass ich diesen Gedanken nie nachgegeben habe. Ich habe den hartnäckigen Willen weiterzuleben, auch wenn ich während der 16 Jahre des Schweigens eine so große Last mit mir herumgetragen habe. Wenn du glaubst, dass dein Leben keinen Wert mehr hat und du nicht weiter weißt, lass mich dir sagen, dass du sehr wohl weitermachen kannst. Auch du hast die innere Stärke und Entschlossenheit zum Durchhalten. Diesen Planeten zu verlassen bedeutet nur, dass der Missbraucher gewonnen hat. Du wirst an deinem Leben hängen, weil du es wert bist und verdienst, ein frohes und friedliches Leben zu führen, und eines Tages wirst du den Verbrecher anzeigen, der versucht hat dich zu zerstören, und wirst Gerechtigkeit erlangen für dich und für das kleine Kind, das in dir weiterlebt.

Allmählich verlor Nicolas immer mehr Kontrolle über seine Besitzansprüche auf mich und machte sich ernsthaft Sorgen, dass ich meine Stimme erheben würde. Meine Schwester Denise, die damals bei mir wohnte, war daran gewöhnt, täglich jede meiner Bewegungen meinem Vater zu melden. Sie war seine kleine Agentin. Selbst in meiner Wohnung schloss Nicolas unbekümmert die Tür meines Schlafzimmers ab und missbrauchte mich nach Belieben, während Denise im Zimmer nebenan lernte, nicht im Geringsten bekümmert von dem, was wenige Meter von ihr entfernt passierte.

Eines Nachts, als ich schon schlief, beauftragte Nicolas Denise meine Autoschlüssel zu stehlen und ihm zu geben. Sie tat wie geheißen, ohne sich über die Moral dieses Verhaltens Gedanken zu machen. Er nahm meinen Wagen, für den ich noch Kreditraten bezahlte, und überschrieb ihn auf Elena, eine andere Schwester in Luxemburg. Einige Wochen vorher war ich zuhause gewesen und Nicolas versteckte meine Autoschlüssel. Ich musste zurück nach England zur Arbeit und Nicolas ließ mich ein leeres Blatt Papier unterschreiben, auf dem er dann später einen „Vertrag" fingierte, mit dem ich angeblich meinen Wagen an Elena verkaufte. Bei demselben Besuch befahl er Elena und Denise auch, mein Telefon zu verstecken. Sie befolgten jede seiner Anweisungen ohne jede Frage, als wären sie programmierte Roboter. Nicolas sagte, er werde mir Schlüssel und Handy erst wiedergeben, wenn ich auf dem leeren Blatt unterschreibe. So konnte Elena dann leicht den Besitz des Autos umschreiben.

Ich war damals 26 Jahre alt und eine vollqualifizierte Fachkraft, um das klarzustellen. Ohne dass irgendjemand von ihnen es wusste, hatte ich ein Duplikat des Autoschlüssels bei mir in England. Eines Tages fuhr ich heim und verlangte mein Auto zurück, das meine Schwestern mir gestohlen hatten. Ich fuhr zur nächsten Polizeiwache, um mich zu erkundigen, wie ich die Eigentümerschaft wieder auf meinen Namen eintragen könnte, da ich ja immer noch den Kredit für den Wagen abzahlte. Als ich das tat, war Nicolas vielleicht zum ersten Mal nervös, weil er spürte, dass die

Waagschalen der Kontrolle kippten. Die Schwestern hatten ihn kontaktiert, um ihm mitzuteilen, dass ich das Auto zurückgeholt hatte. Er bedrohte mich aggressiv am Telefon und forderte mich auf, „das Richtige zu tun"; wie ironisch. Er folgte mir sogar nach England, um mich zu erwischen – er würde nicht akzeptieren, was ich getan hatte. Ich war mir sehr unsicher, wie viel physischen Schaden er mir zufügen würde, wenn er mich in seiner unheilvollen Wut physisch erreichen könnte. Ich wusste, dass er hinter mir her war, und so floh ich nach Luxemburg. Er stürmte meinen Arbeitsplatz in England und verlangte mich zu sprechen. Nachdem er mich im Labor gesucht hatte, war ich so dankbar, dass ich nicht anwesend war, denn von da an eskalierte die Lage.

Daheim in Luxemburg kam ich zur Polizeiwache. Ich wurde bezüglich des Autos befragt, und die Polizei bestellte Denise und Elena auf die Wache. Sie kamen widerstrebend und saßen mir gegenüber. Es war sehr angespannt und unangenehm zwischen uns. Mit unbewegter Miene sagte Elena, ich hätte ihr den Wagen verkauft und Geld dafür bekommen, wie im Vertrag angegeben. Viele Menschen können lügen, ohne den geringsten Verdacht zu erregen. Sie hatte viel Übung und war gut darin. Schließlich verkündete mir der Beamte, es tue ihm leid, aber ich müsse Elena den Schlüssel zurückgeben, da es „ihr" Wagen sei. Das war der Tropfen, der das Glas zum Überlaufen brachte. Der „Vorfall mit dem Auto" wird für immer als eklatanter Auslöser in Erinnerung bleiben, dessen wütend machende Ungerechtigkeit mir direkt ins

Gesicht flog, während die Schuldigen mir unmittelbar gegenübersaßen und wie gedruckt logen.

Ohne Vorwarnung, ohne vorher darüber nachgedacht zu haben, riss mir der Geduldsfaden. Endlich war ich an meine Belastungsgrenze gebracht worden und sah rot, während die Jahre der Folter als Bilder im Zeitraffer an meinem inneren Auge vorbeirasten. Ich konnte diese Last nicht länger tragen, ich war nicht mehr bereit, still zu leiden und diesen ungeheuren Druck auszuhalten. In einem Anfall von Wut begann ich, meinen beiden Schwestern, die mir wie Fremde gegenübersaßen, mündlich im Detail auseinanderzusetzen, wie ihr Vater mich 16 Jahre lang missbraucht hatte. Dabei erwähnte ich schmutzige Einzelheiten, die normalerweise jeden Zuhörer schockiert hätten. Auf meine emotionale Aussage reagierten die Schwestern mit einem Lächeln, ohne ein Zeichen von Schock oder Abscheu bei beiden. Der Beamte war von ihrer Reaktion überrascht, die einfach nur unmenschlich war. Ihre einzige mündliche Antwort auf die furchtbaren Beschuldigungen, die ich gerade zum ersten Mal in 16 Jahren herausgelassen hatte, war Elenas Hinweis, dass „Papa so viel für dich getan hat und du beruflich nicht da wärest, wo du heute bist, wenn er nicht gewesen wäre: du schuldest ihm etwas." Denise bestätigte Elenas Aussage und fügte hinzu, dass ich ohne ihn nichts wäre, und das alles mit süffisantem Lächeln auf ihren Gesichtern.

Der Polizeibeamte hörte alles, was ich sagte, und wies mich darauf hin, dass er verpflichtet sei, nicht zu ignorieren, was ich gerade preisgegeben hatte. Er verließ den Raum für einige Minuten, um Fotokopien zu machen, und ließ uns drei allein. Die beiden Schwestern sahen mich lächelnd an, die Beine übereinandergeschlagen. Beiläufig fragten sie mich, ob ich neue Schuhe gekauft hatte. Offenbar gefielen sie ihnen sehr. Also noch einmal: Einen Moment zuvor waren Einzelheiten des Missbrauchs aus mir hervorgebrochen, die nicht leicht zu verarbeiten waren. Ich weinte die ganze Zeit hysterisch, in einer Gefühlsmischung aus Furcht, tiefer Trauer, Wut und Erleichterung – und alles, was ihnen einfiel, war, dass meine neuen Schuhe hübsch sind, als ob wir gerade beim netten Small Talk wären. Für diese gefühllose und gleichgültige Reaktion waren sie jahrelang von Nicolas vorbereitet worden: Irgendwann würde ich etwas gegen ihn vorbringen, und da ich „psychisch labil" war wie unsere Mutter, konnte es nur eine pure Lüge sein.

Ihre Reaktion zeigte keine der Emotionen, die man erwarten würde, wie Schock, Ekel, Entsetzen oder Mitgefühl. Einmal wurde der Polizist sehr ärgerlich über meine Schwestern und sagte ihnen, sie sollten aufhören zu lächeln – war ihnen nicht klar, dass ihre Schwester litt und ihr Lächeln völlig unangemessen war? Während dieser Begegnung rief Denise unseren Vater an, der mit dem Polizeibeamten sprechen wollte. Er fragte ihn, was genau ich gesagt hätte. Dieser Mann war allgegenwärtig. Er versuchte energisch zu verhindern, dass das „Geheimnis" herauskam, aber allmählich geschah es. Die verschlossene Schublade hatte sich gerade überallhin ergossen und der Prozess hatte begonnen.

Mein Auto wurde dann Elena zurückgegeben und ich blieb auf der Polizeiwache zurück. Ich konnte es noch nicht glauben, dass ich gerade zum ersten Mal enthüllt hatte, was mir seit meiner Kindheit widerfahren war. Es war völlig surreal, und ich fühlte mich von der Realität entrückt, wie in einem Trance-Zustand, in dem Versuch zu verstehen, was ich gerade laut ausgesprochen hatte. Es war, als ob mir erst durch die Ausformulierung des Missbrauchs, zum ersten Mal in so vielen Jahren, wirklich klar wurde, wie schwerwiegend das war. Es war, als wäre ich mir dessen zum ersten Mal bewusst geworden, gerade dort auf der Polizeiwache. Vor dieser Begegnung hatte ich mir nie ausgemalt, dass dieser Moment jemals kommen würde.

Auch wenn ich irgendwie erleichtert war, hatte ich große Angst davor, was Nicolas mir antun würde. Wenige Tage später stürmte er in meine Arbeitsstelle in Luxemburg und begann nach mir zu suchen, wie er es in England getan hatte. Mein damaliger Arbeitgeber beschützte mich und gewährte mir ein Versteck im Keller während der Auseinandersetzung. Am nächsten Tag erhielt ich eine Nachricht von meiner Familie, die freundlicherweise dafür gesorgt hatte, dass ein katholischer Priester, Pater Marcus aus Paris, mich besuchen würde, um all die Dämonen auszutreiben, von denen ich besessen war. Diese waren offenbar verantwortlich für den ganzen

„Unsinn", den ich der Polizei erzählt hatte. Ich begann Todesdrohungen von meinem jüngeren Bruder Leonard zu erhalten, der mir mitteilte, dass es jetzt für ihn kein Zurück mehr gebe. Von allen Seiten wurde ich bedroht und aufgefordert, meine Aussagen zurückzunehmen, oder es werde mir leidtun.

Am Tag nach dem „Vorfall mit dem Auto" wurde ich an den Hauptermittler der Polizei verwiesen. Ich wurde von der Polizei ausführlich vernommen, und meine tränenreichen Aussagen, die umständehalber 16 Jahre lang unterdrückt worden waren, wurden auf Video aufgenommen. Sie waren qualvoll zu ertragen, aber ich war jetzt motiviert durch einen Drang, Gerechtigkeit zu suchen und das Richtige zu tun. Nicolas wurde auf die Polizeiwache einbestellt, um seine Aussage zu machen. Sein Wort stand gegen meins.

Ich hatte keine materiellen Beweise, um irgendetwas zu beweisen, da ich alle drohenden und sexuell motivierten SMS und E-Mails seit Jahren gelöscht hatte, um mich selbst von der Realität abzukapseln. Die Aufnahmen wurden Nicolas gezeigt. Er verteidigte sich; zunächst bezeichnete er mich als Lügnerin und Schauspielerin und behauptete, dass nichts wahr sei. Dann grub er sich selbst eine Grube, als er seine Aussagen modifizierte. Er begann mit der Rechtfertigung, dass alles, was er mit mir getan hatte, aus „medizinischen Gründen" geschehen sei, weil ich im Gegensatz zu seinen anderen Töchtern nicht in der Lage gewesen sei, mich um mich selbst zu kümmern.

Er sagte, er habe mir „helfen" müssen, weil ich etwas „Besonderes" sei. Er versuchte die Ermittler zu überzeugen, dass ich alles missverstanden habe und dass seine Handlungen keinesfalls als Missbrauch eingeordnet werden könnten.

Seine andere Verteidigung bestand darin zu zeigen, dass ich die „verrückten Gene" von meiner Mutter geerbt hätte. Unter den sechs Kindern war ich anscheinend das einzige, das diese erbliche Belastung trug, die anderen schienen vollständig gesund. Ich fragte mich, ob er wirklich an seine eigenen Lügen glaubte. Während der Ermittlungen beschloss ich, nach vielen Jahren des Schweigens wieder Kontakt mit Luke aufzunehmen, um die Dinge geradezurücken. Er war bereit zu einem Treffen in einem Restaurant in der Stadt. Ich erklärte ihm, dass die Entscheidung ihn zu verlassen und viele andere Ereignisse völlig außerhalb meiner Kontrolle gelegen hatten. Schweren Herzens erzählte ich ihm, dass ich 16 Jahre lang missbraucht worden war und inzwischen eine polizeiliche Untersuchung lief. Luke schien nicht beeindruckt zu sein von dem Bericht über den schrecklichen Missbrauch, den ich ihm anvertraute. Er ließ mich ausreden und sagte dann unverblümt, ich solle aufhören zu lügen. Meine Schwestern hatten ihn offenbar kurz nach meiner Anzeige bei der Polizei angerufen, um ihn zu warnen, dass ich eine schizophrene Lügnerin war. Ich versuchte, mit meinem schlechten Gewissen Luke gegenüber ins Reine zu kommen, aber er war nicht bereit dazu. Ich kann nur hoffen, dass er eines

Tages dieses Buch lesen wird und dann erkennt, dass ich keine Absicht hatte, sein Herz zu brechen. Ich war einfach eine Marionette und hatte mich zu sehr geschämt, darüber zu sprechen.

Freunde und Bekannte aus meiner Kindheit, Jugend und dem Erwachsenenalter wurden vorgeladen, um auszusagen. Frühere Freundinnen meldeten sich und erhoben Vorwürfe gegen Nicolas, die zurückgingen bis in die Zeit unserer Pubertät. Ich hatte damals keine Ahnung davon gehabt. Familienangehörige wurden als Zeugen vorgeladen. Gewissermaßen war es mein Glück, so viele Geschwister zu haben, die einander bei vielen Gelegenheiten widersprachen, wodurch sie alles durcheinanderbrachten, was als ihre Version der Ereignisse dargestellt wurde, sodass die Wahrheit ziemlich klar war. Ich brauchte mich gar nicht mehr allzu sehr zu bemühen, um zu beweisen, dass ich nicht log. Die Wahrheit setzt sich immer durch. Die Erinnerung an diesen Missbrauch wird immer bleiben, auch wenn sie in einer Schublade ganz hinten im Kopf weggeschlossen ist. Gleich wie lange es her ist, seit der Missbrauch geschah, die Erinnerungen bleiben lebhaft und meine Antworten waren immer dieselben, ich musste mich ja nur jedes Mal wieder erinnern, wenn ich befragt wurde. Ich habe gelernt, mit diesen Erinnerungen zurechtzukommen, indem ich um sie herum einen Abstand schaffe, und jetzt habe ich eine Perspektive von außen auf die Ereignisse selbst. Heute kann ich über diese Ereignisse mit völliger emotionaler Distanzierung sprechen. Es ist, als spräche ich über eine andere Person, der dies zugestoßen ist. Nach dieser Prüfung habe ich gelernt, einen pragmatischen Ansatz zu verfolgen.

Kurz nachdem ich Anzeige erstattet hatte, wurde Nicolas verhaftet und verbrachte zwei Jahre ohne Prozess im Gefängnis. Seine Aussagen waren voller Widersprüche und mir wurde geglaubt. Die Drohungen dauerten an und Denise schrieb den Ermittlern einen Brief, in dem sie forderte, Nicolas sofort freizulassen, da er ein Gesandter Gottes sei, und sie wäre bereit, für ihn zu sterben. Als ich diesen Brief sah, war mir die offensichtliche Ähnlichkeit mit einer Art von Kult unmittelbar klar. Während seiner Untersuchungshaft sorgte Andreas dafür, dass der Fall seines Vaters in die Medien kam. Nicolas begann einen Hungerstreik, um gegen seine Gefangenschaft ohne Prozess zu protestieren, und Andreas machte genug Wirbel, um den Fall in die Zeitungen zu bringen.

Im Lauf der Untersuchungen musste ich mich einer Reihe von psychologischen Tests unterziehen, um zu beweisen, dass ich keine Geschichten erfand. Die Tests ergaben, dass ich tatsächlich nicht psychisch labil war und keine Gründe zeigte, derart schwerwiegende Anschuldigungen gegen meinen Erzeuger zu erfinden. Auch Nicolas unterzog sich psychischer Tests. Es zeigte sich, dass er kein typisches Profil eines Pädophilen hatte. Er wurde als opportunistischer Sexstraftäter „diagnostiziert". Er hatte eine Gelegenheit gefunden und begann langsam mit dem Prozess des Groomings. Ich weiß nicht, wie viel davon geplant und bewusst war und wie viel improvisiert.

Natürlich fragte ich damals meine Therapeutin, warum ich bis zum Alter von 26 gewartet hatte, meine Stimme zu erheben. Sie sagte darauf, dass ich beobachtet hatte, wie er meine Mutter für endlose Monate in eine psychiatrische Einrichtung einweisen lassen konnte, sodass ich natürlich Angst davor hatte. Hätte ich etwas gesagt, als ich vielleicht 15 war, meinte sie weiter, dann hätte mein Wort gegen das eines Erwachsenen gestanden, und er hätte mich höchstwahrscheinlich auf Grundlage meiner „Schizophrenie-Erblast" meiner Mutter hinterhergeschickt. Sie erinnerte mich daran, dass ich mit 15 keine Unterstützung hatte, kein Geld und keinen Schulabschluss, und dass vor zehn Jahren das Missbrauchsthema noch tabu war und nicht so ernst genommen wurde wie zu der Zeit, als ich die Anzeige erstattete. Natürlich hatte ich nie geplant, in eine Polizeiwache hineinzuplatzen und die schrecklichen Einzelheiten des Missbrauchs in Gegenwart von zwei meiner Schwestern auszubreiten, aber unterbewusst haben all diese Faktoren wohl eine Rolle dabei gespielt, mich dazu zu ermutigen, endliche meine Stimme zu erheben.

Während seiner Zeit hinter Gittern setzte Nicolas alles daran, mein berufliches Ansehen zu ruinieren, indem er lange handgeschriebene Briefe an alle formalen Einrichtungen schickte, zu denen ich Verbindungen hatte, in denen er mich als dienstunfähig, psychisch labil und als eine Lügnerin darstellte. In seinen fünfzehnseitigen psychopathischen Briefen warf er mir Drogensucht, Sexualstraftaten und Seitensprünge vor. Angeblich führte ich betrügerische Laborexperimente durch, war unfähig zur Patientenversorgung und kam anscheinend zur Arbeit nach durchtanzten Clubnächten ohne Schlaf. Meine Schwestern Denise und Elena zögerten keinen Moment, diese Briefe persönlich an Einrichtungen in Luxemburg auszuliefern, in dem vollen Wissen, wie mich mein Vater auf diesen Seiten darstellte. Es fiel mir schwer zu verstehen, wie sie das tun konnten, ganz bewusst gegen ihre eigene Schwester zu handeln. Ich kam zu dem Schluss, dass es ihre Art von „Rache" war für eine Kindheit voll von extremem Neid auf mich.

Der Richter verpflichtete Nicolas damals, an jede dieser Einrichtungen ein Folgeschreiben mit einer Entschuldigung zu senden und jedes Wort zurückzunehmen, das er über mich gesagt hatte. Ich empfand, dass die Behörden mir zuhörten, was für mich eine Bestätigung war, während ich von meiner eigenen Familie attackiert wurde. Sie konnten nicht an die Vorwürfe glauben, derentwegen ich den „guten Mann" anklagte, und sie zogen es vor, nicht daran zu glauben, weil sie sich sonst zu Mittätern gemacht hätten. Meine ganze Familie ist gut gebildet, doch Bildung hat nichts zu tun mit moralischen Werten. Wenn man sich entscheidet, etwas, das grundsätzlich falsch und völlig offensichtlich ist, blind zu akzeptieren und nichts dagegen zu unternehmen, dann wird man zum Komplizen – ganz gleich, wie hoch gebildet jemand ist. Ich bekam sogar Anrufe von meiner eigenen Mutter und meiner Großmutter, die mich aufforderten,

„in der Kirche zu beichten, was ich meinem Vater angetan hatte". Natürlich legte ich auf und habe seitdem nicht mehr das Bedürfnis gehabt, mit ihnen zu sprechen. Es ist schwer, auch nur zu beginnen, dieses Verhalten zu verstehen, insbesondere, wenn es von der eigenen Familie ausgeht.

Ich sagte mich völlig von meiner Familie los, im Interesse meiner eigenen seelischen Gesundheit und meiner Selbstachtung. Blut ist letztlich doch nicht so dick, wie ich dachte oder wie die Gesellschaft uns glauben macht. Die Geschwister haben schließlich ihr wahres Ich gezeigt und hätten alles getan, um ihren Vater vor der Strafe für die Taten zu schützen, die er an mir begangen hatte. Ihre Loyalität war deutlich. Sie unternahmen große Anstrengungen, um mich zu brechen. Endlich erhielten sie von ihrem Vater die Anerkennung, nach der sie sich als Kinder, Jugendliche und Erwachsene verzweifelt gesehnt hatten. Insbesondere waren sie mehr wert als das Lieblingskind und fühlten sich selbstgerecht, wenn sie gegen mich vorgingen, getrieben von ihrer verborgenen Eifersucht, die noch aus ihrer Kindheit stammte.

Es gab offene Bevorzugung in meiner Familie, die zu Wut und Neid mir gegenüber geführt hatte, aufgestaut und provoziert durch Nicolas' Verhalten. Diese Reaktion schloss sowohl meine Mutter als auch den Rest der Familie ein. Die vier Jahre von Ermittlungen und Prozessen legten ihre unterdrückten Gefühle frei, derentwegen sie gegen mich agierten, um unseren

Vater zu schützen, ohne Rücksicht auf irgendwelche moralischen Prinzipien. Die Geschwister fühlten sich immer „weniger" als ich und hatten den Drang, denselben Karriereweg wie ich einzuschlagen, um ihrem Vater zu beweisen, dass sie genauso „gut" waren wie die „perfekte Mary".

Nach vier endlosen und intensiven Jahren von Ermittlungen und Strafprozessen, die eine Menge Aufmerksamkeit in den Medien fanden, wurde Nicolas schließlich zu einer Freiheitsstrafe von 15 Jahren verurteilt. Der Tag, an dem ich sah, wie er in Handschellen abgeführt und in einen Polizeitransporter gesperrt wurde, war zweifellos der beste Tag meines Lebens. Ich hatte etwas Gerechtigkeit erfahren, was mir ein wenig Heilung ermöglichte. Während dieser vier Prozessjahre arbeitete ich weiter, heiratete, brachte meine ersten beiden Kinder zur Welt und verteidigte meine Doktorarbeit. Ich glaube, dass meine große Entschlossenheit, etwas Gerechtigkeit zu finden, und die Liebe zu meinen Kindern mich am Laufen gehalten haben. Hochschwanger wurde ich vor den Richtern von der Gegenseite angegriffen und gedemütigt, nicht nur vom Verteidiger, sondern von den Menschen, die mich hätten beschützen sollen, von meiner eigenen Familie. Schockierenderweise logen sie immer und immer wieder, unter Eid, um den Täter zu schützen. Ich wurde als lügnerische, psychisch labile, geldgierige Person dargestellt, die, in den Worten der Verteidigung, „keinesfalls ein Opfer von sexuellem Missbrauch sein konnte, wenn man ihre erfolgreiche Karriere in Betracht zieht". Der Schein kann trügen.

Wenn Nicolas vom Richter während des Prozesses angeschrien wurde, tat er mir leid. Dieses Mitleid kam von den ungesunden Grundlagen, die meine Eltern mir mitgegeben hatten. Es war, als könne man mich verletzen, so oft man will, ich aber bleibe immer ein guter Mensch mit Empathie für den Täter. Das musste sich ändern. Ich musste mich selbst daran erinnern, dass dieser Mann, der dasaß wie ein geprügelter Hund, 16 und mehr Jahre meines Lebens gestohlen hatte. Meine Anwältin erinnerte mich an den furchtbaren Missbrauch den er an mir verübt hatte. Sie musste mir meine eigenen handschriftlichen Aussagen vorlegen, damit es für mich sichtbar wurde, da ich in dem Moment sonst niemanden hatte, der mich beschützt hätte. Niemand war da, um mich an meine Selbstachtung zu erinnern, als ich es am meisten brauchte. Mein hochschwangerer Zustand war auch nicht gerade hilfreich bei meinem verzerrten Mitgefühl für den Täter.

Während des ersten Jahrs meiner Doktorarbeit hatte ich einen Mann kennengelernt, wieder über eine Online-Plattform und auch wohnhaft in Luxemburg, während ich in England war. Ich muss vielleicht erklären, dass unser Vater uns, so lange ich zurückdenken kann, glauben ließ, dass wir nur einen Partner luxemburgischer Herkunft heiraten könnten. Lasst mich das etwas näher ausführen.

Während meines ersten Studienjahrs interessierte sich ein dunkelhäutiger Student namens Edward für mich. Als Nicolas eine umgeleitete Textnachricht des jungen Mannes auf seinem Handy empfing, in der dieser schrieb, dass er in mich verliebt war, zögerte er nicht einen Moment, ihn persönlich anzurufen. Er betonte, dass „Mary nie mit einem schwarzen Mann ausgehen würde; was glaube er denn, dass er eine Chance bei ihr hätte? Mary sei zu gut für ihn, sie würde nur mit jemandem aus einer reinweißen Luxemburger Familie ausgehen". Ich hörte beschämt aus der Ferne zu, und natürlich verachtete Edward mich nach diesem rassistischen Anruf. Unbewusst befolgte ich aber diese Anweisung, und die einzige Art, im Ausland einen Luxemburger zu finden, war sicher nicht ein britischer Pub.

Felix ist groß, schlank und hat gerade Zähne. Er mag schnelle Autos und Trockennudeln und hat keinen Draht zu Obst oder Gemüse. Bei unserem ersten Date musste ich Mira mitnehmen, auf Anweisung unseres Vaters. Sie sollte mich beobachten und Nicolas Bericht abstatten. Ich war damals 25 Jahre alt. Sie hatte keine Lust, das dritte Rad am Wagen zu sein, und saß die ganze Nacht in einer Ecke im Nachtclub. Felix war kein romantischer Typ. Er überschüttete mich nicht mit Komplimenten oder Geschenken, um mir seine Liebe zu zeigen, wie Luke es getan hatte. Irgendwie gefielen mir seine Liebenswürdigkeit und sein Pragmatismus, und es dauerte nicht lange, bis ich eine Beziehung mit ihm anfing. Ich dachte, ich hätte einen guten Mann gefunden, dem ich vertrauen konnte. Endlich hatte ich einen Seelenverwandten gefunden, so dachte ich. Unser Sinn für Humor passte zusammen, was für mich eine erstrangige Voraussetzung für einen

Partner war. Wie man auf Französisch sagt: „Femme qui rit, à moitié dans ton lit" [Wenn die Frau lacht, ist sie halb ins Bett gebracht] – für mich klingt das sehr wahr.

Felix war in Schweden, als ich bei der Polizei meine Aussage machte. Ich hatte niemand in Luxemburg, der mich unterstützt hätte, denn ich war ein Jahrzehnt in England gewesen und hatte die Verbindung zu alten Freunden verloren. Die Familie von Felix behandelte mich gut, und ich hatte das Gefühl, ich selbst sein zu können. Felix hatte nichts mit meiner Entscheidung für die Anzeige zu tun, er war nicht im Land. Sie war motiviert durch mein tiefes Gefühl der Ungerechtigkeit bezüglich meines Wagens, das den letzten Tropfen ausmachte. Es ging nie um ein Auto, aber das Auto war der Auslöser, der mir klarmachte, dass die Schwestern, die mir gegenübersaßen, nicht wirklich meine Schwestern waren.

Felix und seine Familie gaben mir einen Rückzugsort, den ich nie zuvor gehabt hatte. Ich war jetzt umgeben von einer echten Familie, die aufrichtig und hilfreich schien. Sie hörten mir zu und wirkten sehr fürsorglich. Es tat gut zu fühlen, dass jemand da war, der mich gegen das Böse beschützte. Es fühlte sich richtig an, auch wenn in diesem Fall das Übel ja gerade die Menschen waren, die mich eigentlich hätten beschützen sollen. Endlich war ich nicht allein in dieser Sache und konnte mich auf eine Familie verlassen, bei der ich in Sicherheit war. Jetzt konnte ich das nächste Kapitel meines Lebens aufschlagen, zusammen mit Felix, und alles andere hinter mir lassen.

Wenn ich heute daran zurückdenke, ist es mir immer noch ein Rätsel, wie ich diese 16-jährige Tortur, gefolgt von vier schwierigen Jahren mit Gerichtsprozessen, ausgehalten habe. Schon früh erkannte ich die Kraft eines Lächelns. Wie konnte der Missbrauch so viele Jahre unbemerkt bleiben, hätte ich nicht meinem Hirn eine Meldung geschickt, die behauptete, „alles ist gut", wo das doch überhaupt nicht der Fall war. Es hätte alles anders ausgehen können, aber der Überlebenswille ist in uns allen. Oft nehmen wir nicht wahr, was für eine unglaubliche Stärke wir besitzen, bis sie auf die Probe gestellt wird. Und auf die Probe gestellt wurde sie wahrlich, jeden einzelnen Tag. Egal wie schwierig ein Problem erscheinen mag, das du heute erlebst, auch du kannst deinen Überlebensinstinkt finden. Zweifele nicht daran, dass er existiert. Was mir geholfen hat, mit dem täglichen Missbrauch fertigzuwerden und die vergiftete Umgebung, in der ich gefangen war, zu ertragen, war die Strategie, mich in meine Fachbücher zu versenken und zeitweilig in ihnen aufzugehen. Das ist mir letztlich gut bekommen.

Es kann viele Gründe geben, warum du dich nicht bereit fühlst, den ersten Schritt zu machen und deinen Missbraucher anzuzeigen. Vielleicht hast du Angst, dass man dir nicht glauben wird und der Fall eingestellt wird aus Mangel an Beweisen? Vielleicht fand der Missbrauch vor zu langer Zeit statt, als dass die Anzeige noch „zulässig" wäre? Vielleicht befürchtest du, dass dieses Bekenntnis Auswirkungen auf dein Leben haben kann? Vielleicht hat der Täter vollständige Macht über dich, und du hast immer noch den Eindruck, dass du ihn nicht anzeigen kannst, weil er „stärker" ist? Ich verstehe das. Lass mich aber noch mal darauf hinweisen, dass du alle Kraft in dir trägst; vielleicht musst du tief danach graben, aber bitte: zeige diesen Verbrecher heute noch an. Halte dich an den Glauben, dass du das überstehen wirst, nur DU kannst diesen Schritt unternehmen, niemand sonst kann das für dich tun.

Man wird dich intensiv befragen, also sei darauf gefasst. Du wirst fest versiegelte Schubladen in deiner Psyche öffnen müssen, die du aus gutem Grund viele Jahre geschlossen gelassen hattest. Es kann sein, dass du sehr intime und heimliche Einzelheiten des erlittenen Missbrauchs enthüllen musst. Man wird dich demütigen und als Lügner darstellen während der Ermittlungen und Verhandlungen. Schamgefühle werden in dir hochkochen, und vielleicht wird sich etwas Reue regen mit ihrem hässlichen Haupt, wenn du den einen Schritt weitergehst und deinen Missbraucher anzeigst. Lass mich zunächst aus eigener Erfahrung versichern, dass du selbst dann, wenn die Richter von Berufung zu Berufung beschließen, den Fall aus Mangel an Beweisen zu schließen, Freiheit und inneren Frieden verspüren wirst. Der Fall wird in der Öffentlichkeit sein, und auch wenn du deinen Verbrecher frei herumlaufen siehst: du hast es für dich getan, du hast das Schweigen gebrochen, und du wirst mit stolz erhobenem Haupt dein Leben weiterführen. Nichts kann dir das nehmen, und es ist das größte Geschenk, das es für dich geben kann.

Selbst wenn der Fall eingestellt wird, was für dich niederschmetternd sein kann: Der Verbrecher hat nicht gewonnen. Die Macht ist in deiner Hand. Der Missbraucher kann nur gewinnen, wenn er dich in deinem eigenen Körper und Geist eingesperrt hält, damit du das „Geheimnis" für dich behältst. Der Verbrecher hat wirklich keine Macht über dich, selbst wenn es sich so anfühlen mag. Wie in meinem Fall kann es sein, dass du deine Familie verlierst nach einer solchen Eröffnung, und vielleicht stellst du fest, dass Blutsverwandtschaft für dich keine wirkliche Bedeutung hat, aber du wirst das überstehen. Du bist nicht allein. Menschen überall in der Welt behalten auch ihre Geheimnisse schweigend für sich – du wirst ein Unterstützungsnetzwerk für dich finden, selbst wenn das heißt, deine eigene Familie loszulassen, nachdem die ihr wahres Gesicht gezeigt hat. In meinem Fall erhielt der Täter eine langjährige Freiheitsstrafe, und ich kam aus dem Prozess gestärkt hervor, mehr als je zuvor, auch wenn es bedeutete, fortan ohne jede Familie zu leben. Ich stand ein für das, was richtig ist, und ich war bereit, die Folgen zu akzeptieren, ganz gleich, was die Auswirkungen waren. Ich bin sehr stolz, dass ich das Schweigen durchbrochen habe und so wieder auf die Füße gekommen bin als Überlebende, die andere dazu ermutigt, ihren Mund aufzumachen.

Welche Art von Missbrauch auch geschehen mag, du bist stärker, als du dir selbst zutraust. Ich bin weder einzigartig noch besonders, du kannst es auch schaffen und es durchstehen. Denk daran, was du bereits durchgemacht hast und wie dir das einstmals unmöglich erschienen wäre. Es steht in deiner Macht, das „Opfer"-Zeichen an deiner Stirn zu entfernen und das „Überlebende"-Zeichen anzunehmen. Dieser Stempel wird vermutlich nie ganz verschwinden, und das ist gut so. Dieser Stempel ist die Narbe deines Kampfes.

Während des Prozesses suchte ich verzweifelt nach Gruppen von Menschen, die ein ähnliches Trauma durchgemacht hatten und mit denen ich mich identifizieren könnte. Damals konnte ich nichts Derartiges finden. Ich sehnte mich danach, mit Gleichgesinnten zu sprechen und etwas über Bewältigungsstrategien zu lernen. Mit Freunden zu reden genügte mir damals einfach nicht. Meine Freunde zeigten mir Mitgefühl und Liebe, aber es fehlten tieferes Verständnis und Empathie aufgrund gemeinsamer Leidenserfahrungen. Ich fing an, jedes Buch zu kaufen, das mit sexuellem Missbrauch zu tun hatte. Ich konnte nicht genug bekommen von Informationen und persönliche Erlebnissen, und bald wurde mir klar, dass meine Geschichte nicht untypisch war. Ich suchte fieberhaft nach Antworten. Eine ähnliche Reaktion, die ich häufig fand, war die Zurückweisung des Opfers durch die Familie, die stattdessen den Täter schützte. Überraschend war das nicht. Wenn die Familie begänne, die Vorwürfe des Opfers als wahr anzunehmen, so würde dies verständlicherweise die Grundlagen der Familie untergraben, und was würde das für die einzelnen Mitglieder bedeuten? Es ist dann viel leichter, seine Augen vor der Wahrheit zu verschließen und so zu tun, als sei alles in Ordnung, wenn tatsächlich alles zusammenbricht. Es ist leichter, eine Person zurückzuweisen als die Vorstellung von der perfekten Familie aufzugeben. Es ist leichter zu sagen, dass eine Person psychisch labil und ein Lügner ist, als anzuerkennen, dass der allmächtige Patriarch so viel Leid verursacht hat. Wer will sich schon mit quälenden Wahrheiten wie diesen auseinandersetzen?

Elf Jahre später, nachdem ich bei der Polizei ausgesagt habe, frage ich mich noch immer, wie meine Familie mit reinem Gewissen leben kann, nachdem sie mich verletzt und im Stich gelassen haben. Ich frage mich oft, wie sie in aller Ruhe weiter glücklich leben können mit dieser schweren Schuld, als wäre nie etwas passiert. Kann man überhaupt von Schuld sprechen, wenn jemand die Wahrheit nicht anerkennt? Ich bin zu dem Schluss gekommen, dass Schuldgefühle sehr subjektiv sind und dass ein solches Gefühl nicht bestehen kann, wenn die moralischen Werte nicht von Anfang an am rechten Ort sind. Das entbindet die einzelne Person von jeder Verantwortung. Ich werde nie Antworten bekommen auf die Fragen an meine Familie, die ich immer noch habe, und ich habe mich damit abgefunden. Ich trauere nicht mehr über den Verlust der Familie. Ich glaube, dass die Grundwerte, die wahren Grundlagen von Anfang an nie vorhanden waren, so traurig sich das auch lesen mag.

Nach dem Prozess begann ich eingehend zu analysieren, wie eine ganze Familie sich gegen eine Person wenden kann, die ihre Stimme erhoben hat gegen ein derart schwerwiegendes Verhalten ausgerechnet des eigenen Vaters. Mir wurde schnell klar, dass, auch wenn die meisten Familien bis zu einem gewissen Grade dysfunktional sind, meine eigene Familie sehr wie ein Kult organisiert war. Sie bestand aus einer Gruppe von Menschen, die unter demselben Dach lebten, jeder für sich. An der Spitze der Schar war ein sehr kontrollsüchtiger, charismatischer Anführer, der bis zum heutigen Tag seinen Kindern Anweisungen gibt, obwohl sie längst erwachsen sind. Sie wären bereit, für diesen Mann zu sterben. Sie verehren ihn und folgen blindlings seinen Befehlen, wie sie während der Ermittlungen deutlich gezeigt haben.

In den ersten paar Jahren rechtfertigte Nicolas seinen Gefängnisaufenthalt vor jedem, der bereit war zuzuhören. Er sagte, dass Gott ihn dorthin gesandt habe, um die anderen Häftlinge auf den Pfad der Tugend zurückzubringen. Es war also nicht so, dass er etwas Falsches getan hätte, sondern er hatte eine humanitäre Mission zu erfüllen. Es ist bemerkenswert zu sehen, wie ein Mensch so viele Leute auf einem solchen Niveau manipulieren kann. Kulte sind in der Tat ein interessantes Studienobjekt, weil sie ganz spezielle Bedingungen brauchen, um zu gedeihen. Ein charismatischer, überzeugender, starker Führer wird von seinen Anhängern verehrt, ohne dass seine Wahrheiten und Vorstellungen infrage gestellt würden. Er hat die totale Kontrolle über ihr Denken und Handeln. Sie folgen blind seinen Anordnungen, ohne je an der Richtigkeit ihrer Handlungen zu zweifeln. Die Anhänger haben eine aufrichtige Überzeugung, dass der Anführer immer recht hat und irgendwie von Gott gesandt worden ist.

Die Reaktionen meiner Familie auf meine Vorwürfe waren sehr überraschend, da sie überhaupt keinen Schock oder Entsetzen zeigten. Nach meiner ersten Aussage spielte Andreas ein doppeltes Spiel, indem er ungefähr ein Jahr lang so tat, als sei er „auf meiner Seite". Damals war ich froh und erleichtert, dass wenigstens einer mir glaubte und die Absichten und Taten unseres Vaters hinterfragte. Ich hatte keine Ahnung, dass Andreas jede Information, die er von mir erhielt, direkt an Nicolas ins Gefängnis weitergab. Endlich hatte Andreas die Anerkennung seines Vaters gefunden, nach der er sich jahrzehntelang gesehnt hatte. Seit seiner Kindheit hatte sein Vater, den er ungemein bewunderte, Andreas kaum Wertschätzung gezeigt. Ich werde nie aufhören mich zu wundern, warum Nicolas seinen erstgeborenen Sohn nach einem weltweit verhassten Diktator benannte, der mit den furchtbarsten Grausamkeiten der Menschheitsgeschichte verbunden war. Nur am Rande, der Vorname meines älteren Bruders ist nicht wirklich Andreas.

Durch dieses doppelte Spiel bekam Andreas endlich den prestigeträchtigen Klaps auf die Schulter, auf den er verzweifelt gewartet hatte, trotz all der physischen und emotionellen Schmerzen, die sein Vater ihm zugefügt hatte. Bezeichnenderweise hatte Andreas seine ursprüngliche Aussage geändert, in der er, solange er angeblich noch „auf meiner Seite" war, seinen Vater als kontrollwütigen Narzissten und Tyrann beschrieben hatte. Später suchte er den Ermittler erneut auf, um seine erste Aussage zu widerrufen und zu ersetzen durch eine neue Version, in der er den Vater als sehr fürsorglich und liebevoll beschrieb, wobei er seine unterdrückte Eifersucht ungehindert in seine Angaben einfließen ließ. Die Glaubwürdigkeit dieser Aussagen wurde selbstverständlich angezweifelt, da ihrer Wahrhaftigkeit stets widersprochen wurde. Während unserer Zeit in der weiterführenden Schule waren Andreas und ich nicht nur in derselben Einrichtung, sondern wir besuchten auch dieselbe Klasse. Ich war die beste Schülerin, während er das Schlusslicht war, und die Lehrer verglichen uns beide ständig. Ich kann nur mutmaßen, wie viel das zu Andreas' aufgestauter Eifersucht auf mich beitrug im Laufe der Jahre, ganz abgesehen davon, dass er ständig sah, wie mein Vater mich zuhause „bevorzugte".

Vor ein paar Jahren wurde Nicolas vorzeitig aus der Haft entlassen. Mir wurde gesagt, dass er den Steuerzahler viel kostete. Er wurde von den anderen Insassen isoliert, da offenbar im Gefängnis eine Hierarchie besteht, in der Pädophile und Vergewaltiger ganz unten stehen und oft angegriffen werden von Straftätern, die wegen Diebstahl oder Körperverletzung einsitzen. Irgendwann versuchte

Nicolas auch zu simulieren, dass er einen Hirntumor habe, um ein paar Pluspunkte zu sammeln, Mitleid zu erregen und früher entlassen zu werden. Sein Bruder, der als Chirurg in den USA arbeitet, schrieb ein Gutachten für ihn, dass er wegen seines Alters und seines angeblichen Hirntumors früher entlassen werden sollte. Andreas ist ein Filmproduzent und widmete Nicolas nach dessen vorzeitiger Freilassung besondere Rollen in seinen Filmen. Nichts hatte sich geändert, Andreas versuchte immer noch hoffnungslos, den Mann zufriedenzustellen, der ihn körperlich verletzt und indirekt sein Selbstvertrauen beschädigt hatte.

Seit meiner Kindheit behandelte meine Mutter mich anders als meine Geschwister, als würde sie mich als Rivalin betrachten, die mit ihr um die Aufmerksamkeit ihres Ehemanns konkurrierte, und nicht als ihre Tochter. Sie bestätigte das in ihren Aussagen bei den Vernehmungen während der Ermittlungen. Die anderen fünf Geschwister umarmte sie und gab ihnen von sich aus Zuneigung, während sie mit mir nicht einmal sprach. Ich wuchs auf mit dem Gefühl, dass meine eigene Mutter mich ablehnte. Sie empfand keine Liebe für mich und zeigte das sehr deutlich. Wie meine Geschwister zeigte auch sie in ihren Zeugenaussagen ihre unterdrückte Eifersucht auf mich. Sie hatte ihrem Mann erlaubt, ihre Tochter auszunutzen, und das war ganz offensichtlich. Sie tat nichts, um mich vor Schaden zu beschützen, wie eine liebevolle Mutter normalerweise tun würde. Sie trug zu meinem Missbrauch bei, indem sie jahrelang ihre

Augen gegenüber den ganzen Vorgängen verschloss und sich nicht einmal dafür interessierte, was mit mir hinter verschlossenen Türen geschah. Jetzt, da ich eigene Kinder habe, kann ich erst recht nicht mehr begreifen, wie eine Mutter so etwas tun kann. Das hat meine Bereitschaft, meine Kinder zu beschützen, noch vergrößert. Natürlich bin ich umso wachsamer, wenn es um meine eigenen Kinder geht.

Als meine Kinder größer wurden, fingen sie an zu fragen, aus welchem Bauch ich gekommen sei. Hatte ich auch Eltern wie Felix? Wie sehen sie aus? Wo wohnen sie? Wie heißt meine Mutter? Welche Farbe hat ihr Haus? Damals konnte ich nur sagen: „Die Eltern von Mama waren nicht lieb zu Mama, und deshalb will Mama sie nicht sehen." Mir war klar, dass die Fragen zweifellos spezifischer würden, wenn meine Kinder aufwachsen. Ich besuchte einige Seminare, bei denen ich lernen wollte, wie man am besten so ein sensibles Thema mit den Kindern angeht. Es war eine Mischung aus dem Wunsch, sie energisch zu beschützen, und gleichzeitig offen genug zu sein, um sie zu erziehen.

Ich habe immer noch keinen Weg gefunden, wie ich dieses Thema mit ihnen behandeln kann. Bücher wie *Ich hab Nein gesagt!* von Kimberly King haben mir geholfen, mit meinen Kindern mittels einer bildlichen Grundlage zu sprechen. Als Eltern warnen wir unsere Kinder immer, mit niemandem zu sprechen, den sie nicht kennen, und keine Geschenke von Unbekannten anzunehmen. Aber was ist mit den Menschen, die sie kennen? Vergessen wir nicht, dass sexueller

Missbrauch in den meisten Fällen nicht von einem Fremden in einem weißen Lieferwagen begangen wird. Das Konzept ist recht erfolgreich bei Missbrauch im engeren Umfeld des Kindes durch eine Person, der es vertraut. Wenn es nicht ein Elternteil ist, so kann der Täter auch ein Onkel, eine Tante, Cousin, Geschwister, Priester, Lehrer, Freund, Großvater, Großmutter, Familienfreund, Nachbar oder sonst jemand sein – die Liste ist lang. Sexueller Missbrauch kennt keine Grenzen von Geschlecht oder Alter. Der Täter ist selten eine Person, die das Kind nie zuvor gesehen hat. Kimberlys Buch zeigt sorgfältig die Warnzeichen auf, aber auch die Entspannungszeichen. Man sollte die Kinder nicht ängstigen, indem man ihnen das Gefühl gibt, dass die Welt ein sehr unsicherer Ort ist. Die richtigen Begriffe im angemessenen Tonfall zu verwenden ist schon ein großer Beitrag.

Nachdem Nicolas endlich verurteilt war, empfand ich einen großen Drang, Grund- und höhere Schulen zu besuchen und mit den Schülerinnen und Schülern über dieses Tabuthema zu sprechen, das viele lieber unter den Teppich kehren und vertuschen, wie ein schmutziges, beschämendes Geheimnis. Ich fragte damals meine Therapeutin, warum das kein Thema war, das in Schulen offen diskutiert wurde. Sie antwortete sehr einfach, dass ein Gespräch darüber mit Kindern vermutlich viele Missbrauchsfälle ans Tageslicht bringen würde, und das Land habe nicht die Ressourcen, um mit den möglichen Folgen fertigzuwerden. Ich fand das verblüffend. Ich werde nie aufhören mich zu fragen, was gewesen wäre, wenn ein Psychologe, eine andere Fachkraft oder ein Überlebender in meine Schule gekommen wäre und uns erklärt hätte, dass „wenn ein Elternteil, eine Tante, ein Onkel, einer der Großeltern dich da anfasst, das absolut nicht in Ordnung ist" – vielleicht hätte ich dann verstanden, was falsch war und was nicht. Das ist der Ausgangspunkt: ein Bewusstsein und Kenntnisse zu haben, die einem sagen, dass etwas falsch ist, denn missbrauchte Kinder werden dazu konditioniert zu glauben, dass sexuelle Handlungen normal sind und sie nicht darüber reden dürfen. Wir müssen mehr tun, um unsere Kinder zu schützen. Kein Kind sollte durchzumachen haben, was ich ertragen habe. Ich bin fest entschlossen, die ganze Landschaft zu ändern und Gerechtigkeit zu bringen, auf jede Art, die mir möglich ist.

Meine Kinder waren gewohnt, im Haus ihrer Großeltern Kinderfotos von Felix zu sehen, und so fragten sie ihre Oma, ob sie Babyfotos von mir hätte. Da ging mir auf, dass ich kein einziges Bild von mir als Kind hatte, worüber ich traurig war, und das brachte mich dazu, den Bewährungshelfer von Nicolas zu kontaktieren. Ich forderte die Kinderbilder, die Nicolas von mir hatte. Ich erhielt eine ganze Tüte voll alter Fotos und, zu meiner Überraschung, einen Brief von meiner Mutter, die mich bat, mich und meine Kinder zu sehen. Ich warf den Brief weg. Dieses Treffen wird höchstwahrscheinlich nie stattfinden. Eines Abends saß ich mit meinen Kindern auf dem Boden, und wir fingen an, die alten Familienfotos durchzusehen. Ich ließ meine Kinder mein Gesicht ausschneiden. Die anderen, unerwünschten Gesichter landeten direkt im Mülleimer. Das fühlte sich sehr befreiend an. Dann bastelte ich eine Kollage aus den wenigen Fotos von mir als Baby und Kleinkind, und das ist alles, was meine Kinder jemals von meiner Seite der Familie kennenlernen werden.

Kapitel drei

*Nicht daß du mich belogst, sondern daß
ich dir nicht mehr glaube, hat mich erschüttert.*
Friedrich Nietzsche

Es war zu schön, um wahr zu sein.

Jahre später sind die Wände immer noch weiß und kalt. Während ich in demselben Justizgebäude darauf warte, dass wir aufgerufen werden, fühle ich mich sehr niedergeschlagen. Ich sehe ihn auf der anderen Seite des Raums sitzen, wie er zuversichtlich mit seinem Anwalt lacht. Ich spüre die Tritte meines Babys als Reaktion auf das Adrenalin, das durch meine Adern rauscht, während Tränen von meinem erschöpften Gesicht herabrinnen.

Der Sturm hatte sich gelegt, und endlich verlief mein Leben für mich in die richtige Richtung. Ich hatte den Eindruck, eine Ersatzfamilie gefunden zu haben, die mich bedingungslos liebte, einen sicheren Ort. Ich genoss sogar die sonntäglichen Mittagessen im Haus meiner Schwiegermutter, die von uns erwartet wurden. In ihrem Zuhause hatte ich das Gefühl, dass mir nichts Schlimmes passieren könnte, umgeben von einer Familie, die sich um mich zu kümmern schien. Felix und seine entspannte Art zogen mich sehr an. Er war wie ich ein Typ, der nicht leicht aus der Fassung geriet, und er hatte die Gabe, Probleme pragmatisch anzugehen. Das war es, was ich in diesem Moment brauchte, da das Unwetter meine Gefühle sehr aufgewühlt hatte. Ich war überzeugt, dass Felix der Mann war, mit dem ich den Rest meines Lebens verbringen wollte. Ich war mir so sicher, dass ich all meinen Mut zusammennahm und ihn öffentlich fragte, ob er mich heiraten werde. Ich hatte beim Kino gebeten, meinen Heiratsantrag nach der Vorstellung auf die Leinwand zu projizieren, und sie fanden meine Idee originell. Der Tag war gekommen, und ich war sehr nervös, gelinde gesagt. Was, wenn er Nein sagen würde? Was, wenn er aus dem Kino stürmt? Ich wusste nicht, wie Felix auf meine öffentliche Liebeserklärung reagieren würde.

Wir sahen eine romantische Komödie mit Jennifer Aniston, und dann war der Moment da. Ein romantisches Gedicht erschien auf der Leinwand, als Hintergrund unterlegt mit einem Liebeslied mit dem Titel *After tonight* von Justin Nozuka. Ich sah zu Felix hinüber, der nicht auf die Leinwand achtete, und so blieb ich sitzen, in der Hoffnung, dass er hochgucken würde, sähe, wie die Zeile „Willst du Mary heiraten?" großformatig angezeigt wurde, und endlich tat er es. Mein Herz raste, während ich nicht sicher war, was ihm durch den Sinn ging. Er sagte nichts und lächelte verlegen. Ich wusste nicht, was ich erwarten sollte. Schließlich fragte ihn der Leiter des Kinos, ob es ein „Ja" oder ein „Nein" sei, und Felix antwortete mit „Ja". Ich war erleichtert, und der Kinofotograf machte eine Aufnahme von uns, die in der Zeitung erschien.

Felix bewahrte diesen Zeitungsartikel jahrelang in seinem Portemonnaie auf. Er war nicht besonders berührt von meiner öffentlichen Liebeserklärung. Ich akzeptierte das und schob es auf seine introvertierte Art.

Felix' Mutter Melanie behandelte mich wie die Tochter, die sie nie hatte. Melanie ist gebräunt, hat eine Kurzfrisur und isst gern schnell. Sie lächelt selten, selbst wenn sie fröhlich ist. Sie ging mit mir ein Hochzeitskleid kaufen. Ich genoss die Aufmerksamkeit, ein Gefühl, das ich zuvor nie erfahren hatte. Melanie verwöhnte mich mit leckerem Essen und sorgte dafür, dass ich mich in ihrer Familie sicher fühlte. Sie ging mit mir in die Salzgrotte zur Entspannung und unterhielt sich stundenlang mit mir, um zu verstehen, was mir in den vergangenen Jahrzehnten zugestoßen war. Das war irgendwie wohltuend, fühlte sich zugleich aber auch etwas wie Einmischung an. Ich wurde das Gefühl nicht los, dass ihre Neugier, weitere Einzelheiten über den Missbrauch zu erfahren, größer war als ihre mütterliche Fürsorge für mich.

Melanie brachte mich sogar zu einer Wahrsagerin. Als wir in ihrem Haus ankamen, entsprach die Dame nicht der Vorstellung, die ich von einer Seherin hatte. Sie war eine normale Frau, die in einem normalen gelben Haus in einem normalen Viertel lebte. Mit einem einfachen Blick und dem Abtasten meiner Handfläche begann sie mir zu sagen, dass meine Zukunft wunderbar aussah. Nach ihrem Eindruck war meine Vergangenheit sehr turbulent gewesen, und von nun an sollte mein Leben eine glatte, fröhliche Fahrt werden. Ich tat so, als sei ich beeindruckt von allem, was sie über mich wusste, als ob ich nicht wüsste, dass Melanie sie natürlich vor dem Treffen vorbereitet hatte.

Mein Hochzeitsdatum wurde festgelegt. Ich war sehr aufgeregt, endlich zu heiraten und meine eigene Familie zu gründen. Nach all den Turbulenzen gab es mir Kraft, aufrecht neben meinem zukünftigen Ehemann zu stehen. Damals träumte ich oft während der Arbeit, stellte mir vor, mit meinem Mann in einem großen Haus zu leben, wo unsere Kinder fröhlich in einem großen Garten herumlaufen würden. Diese Vorstellung war für mich wundervoll. Felix und ich hatten beschlossen, nur eine kleine Hochzeitsfeier zu haben. Für mich war das in Ordnung, da ich niemand bin, der gern im Rampenlicht steht. Ich mochte es nicht, wenn Leute mich ansahen. Meine schüchterne Natur vertrug sich nicht damit, im Mittelpunkt der Aufmerksamkeit zu stehen. Nach den Jahren der Prozesse, bei denen ich bloßgestellt worden war, zog ich es verständlicherweise vor unsichtbar zu sein. An meinem großen Tag fühlte ich mich wie eine wunderschöne Braut – eine der seltenen Gelegenheiten, bei denen ich mich wirklich schön fand. Das Kleid passte perfekt zu meiner schlanken Figur, mein Haar war frisiert und das Make-up war natürlich, aber völlig angemessen für mich. Es war ein wunderbarer Tag, auch wenn keine von meinen Angehörigen teilnahmen und die meisten Gäste von Felix' Familie und Freunden kamen.

Aber gleich wie sehr ich Felix' Familie bewies, dass ich einfach „normal" war, fühlte ich noch viele Jahre, nachdem das Unwetter eine ferne Erinnerung geworden war, dass ich mich nie freimachen konnte von dem „Opferstatus", den ich in ihren Augen hatte. Ich würde mich immer als das kleine Mädchen fühlen, das von Felix und seiner Familie „gerettet" worden war. Oft machte Melanie meine Geschichte zum Hauptthema von Unterhaltungen beim Abendessen mit ihren Freundinnen und Freunden, während ich dabeisaß und nichts zu sagen hatte. Irgendwie schien sich das Leben von Felix' Eltern um meine Vergangenheit zu drehen. Es fühlte sich ganz so an, als ob diese Geschichte zwei durchschnittlichen Rentnern einen Lebenssinn gebe, neue Gefühle in ihrem ansonsten nicht sehr bemerkenswerten Rentnerdasein. Sie fühlten sich, als hätten sie mich von dem Bösen erlöst.

Ganz gleich, was ich tat, um zu zeigen, dass ich eine Überlebende war und in keiner Weise von meiner Vergangenheit geprägt: Vier Jahre lang war ich definiert durch das „Opfer"-Zeichen auf meiner Stirn. Dieser Status veränderte sich nie, wie ich Jahre später feststellte. Der Missbrauch ist ein großer Teil meines Lebens, aber er hat nie definiert, wer ich bin. Ich kam sehr gut zurecht, hatte eine Vollzeitkarriere, gab mein Bestes, um meinem Mann eine gute Ehefrau und den Kindern eine liebvolle Mutter zu sein. Zu meiner eigenen Überraschung war ich jahrelang bereit, das „Opfermal" zu akzeptieren, dafür dass ich eine liebvolle Familie gefunden hatte. Konnte es sein, dass ich meine eigene Selbstachtung vernachlässigte und Melanie und ihrer Familie das Gefühl vermittelte, dass sie wesentlich zu meinem erfolgreichen Prozess beigetragen hätten, sodass sie selbst sich besser fühlen konnten? Oder hatte ich einfach keine Energie mehr, mich selbst zu verteidigen, und akzeptierte jede Form von Behandlung, solange es in irgendeiner Weise wie Fürsorge und Liebe aussah? Irgendwann muss ich angenommen haben, dass jede Art von Beachtung besser war als gar keine Beachtung.

Das Leben schien einfach in Ordnung zu sein, und ich hatte das Gefühl, dass das Schicksal sich endlich zu meinen Gunsten gewendet habe. Ich kam aus diesem Prozess als Siegerin heraus, mir war zugehört und geglaubt worden. Das war unglaublich therapeutisch. Ich fühlte mich sicher in meiner neuen Familie und konnte endlich die Vergangenheit hinter mir lassen zugunsten eines Neuanfangs. Meine neue Arbeit war sehr befriedigend und das Leben zwar aufreibend, aber erfüllend. Ich opferte die Abende, Wochenenden und Ferien für die Karriere. Ich war immer zugänglich und bereit, jedes auftauchende Problem sofort zu lösen. Ich erhielt große Anerkennung und empfand meine Arbeit als lohnend. Bald nach meiner Rückkehr aus dem Mutterschaftsurlaub wurde mir klar, dass jeder Mensch ersetzbar ist, ganz gleich, für wie gut du dich hältst in deinem Job. Es wird immer jemanden geben, der deine Rolle übernehmen kann. Auch wenn es schwer zu akzeptieren ist: Wir sind alle austauschbar. Selbst auf dem Höhepunkt der Karriere kannst du, Gott bewahre, krank werden, ein

Kind bekommen oder aus einem anderen Grund ein paar Monate freinehmen müssen, und dann stellst du womöglich fest, dass du gar nichts Besonderes bist. Dein Arbeitgeber schätzt wohl deine Arbeit nur im gegenwärtigen Moment, wird aber nicht zögern, dich wenn nötig jederzeit zu ersetzen, und dabei all dein früheres Engagement vergessen.

Mein aufrichtiger Rat ist, nicht alles, was du bist, für einen Job oder einen Arbeitgeber zu opfern, ganz gleich, wie „wichtig" du dich bei der Arbeit fühlen magst. Es kann alles schneller vorbei sein, als du denkst. Du bekommst die verlorene Zeit nicht zurück. Deine Kinder werden groß und erinnern sich nur an dich, wie du am Laptop sitzt oder auf ein Telefon starrst. Sieh ihnen in die Augen, kuschele und spiele mit ihnen HEUTE – morgen kann es schon zu spät sein. Leg alle Geräte weg, die dich ablenken, die Arbeit kann bis morgen warten. Lebe in der Gegenwart und genieße diese kostbaren Augenblicke mit deinen Kindern, schaffe Erinnerungen – es ist entweder jetzt oder nie.

Während derselben Arbeit, gerade ein Jahr nachdem der Prozess zu Ende war, wurden merkwürdigerweise Denise und Leonard von demselben Forschungsinstitut eingestellt, und während der nächsten Jahre sah ich sie Tag für Tag. Dies war eine tägliche, schmerzliche Erinnerung daran, dass sie mich im Stich gelassen hatte und das Leben dennoch weiterging, als sei nichts geschehen. Einige Leute am Arbeitsplatz wussten, dass wir Geschwister waren, weil ich es erwähnt hatte. Eines Tages, nach über drei Jahren gemeinsamer Arbeit, nahm ich schließlich all meinen Mut zusammen und sprach sie an. Ich stellte ihnen direkt all die Fragen, die mir immer noch quälend auf dem Herzen lagen. Mir wurde rasch klar, dass die beiden immer noch dieselben Menschen waren, die wenige Jahre zuvor Meineide zu meinen Lasten geschworen hatten. In ihrer Reife hatten sie sich nicht weiterentwickelt. Ich sah ein, dass es sich überhaupt nicht lohnte, Energie und Zeit auf sie zu verschwenden. Man kann Menschen nicht ändern. Das war nicht meine Absicht, und ich lernte, dass ich einfach loslassen musste, weil für mich absolut nichts dabei herausgekommen wäre. Gerechtigkeit wird nie vollständig erreicht, und das muss ich akzeptieren. Ich muss diese Kapitel meines Lebens bewältigen und dann weitergehen.

Auch Elena begegnete ich etliche Male, da sie in der Apotheke in der Nähe der Praxis unseres Kinderarztes arbeitete. Sie hat also meine Kinder bei vielen Gelegenheiten gesehen, wenn sie unsere Rezepte einlöste. Es ist schon merkwürdig, dass sie ihre Neffen sehen konnte, wohl wissend, dass ihr nie gestattet würde, Umgang mit ihnen zu haben. Von Mira ist das Letzte, was ich gehört habe, dass sie nach Japan gezogen ist. Keine Ahnung, was für eine Karriere sie in Tokio macht; vermutlich als Model.

Als ich jung war, hatte ich nie darüber nachgedacht zu heiraten und Kinder zu bekommen. Ich war nicht so die Art von Mädchen, das sich in einem Brautkleid vorstellt, und ich spielte nur selten Mutter mit einer Babypuppe. Nach einem Ehejahr begann ich mehr und mehr, die Kinder um mich herum wahrzunehmen. Die reine Unschuld eines Kindes zu beobachten war einfach wunderbar. Die sorglose Fröhlichkeit, die lustige Unbeholfenheit und die bedingungslose Liebe zu ihren Eltern faszinierten mich. Es war, als hätte ich nie Gelegenheit gehabt, eine solche sorgenfreie Kindheit zu erleben, und in gewisser Weise wollte ich sie in meinen eigenen Kindern neu erleben. Wenn ich ein Baby sah, kamen mir Tränen, das war sehr emotional, als ob ich mich unvollständig fühlte. Vielleicht ging es mir indirekt darum, eine eigene biologische Familie zu gründen, da meine ja in meinem Leben nicht vorkam. Glücklicherweise wurde ich bald schwanger, und acht Monate später hielt ich meinen wunderbaren Erstgeborenen in den Armen. Er war so perfekt, dass ich 18 Monate später das nächste Kind hielt.

Elternschaft lag mir im Blut, und nur selten fühlte ich mich überfordert. Felix war ebenfalls in seinem Element, und es gefiel ihm, unsere Kinder mit mir aufzuziehen. Wenige Jahre später begrüßten wir ein weiteres Liebesbündel. Die Ankunft eines dritten Kindes schien das tägliche Leben nicht weiter zu belasten. Die einzige sichtbare Veränderung war die zusätzliche Wäsche, und wir brauchten ein größeres Auto. Wir empfanden tiefe Freude, als unsere kleine Familie wuchs. Die Liebe zwischen den Geschwistern und die Zuneigung der Kinder zu uns waren etwas, das ich zuvor nie gekannt hatte, und ich war entschlossen, unsere Kinder zu beschützen und zu lieben, egal, was passieren würde.

Einige Jahre waren vergangen, und meine Welt brach erneut zusammen, als ich meine totgeborene Tochter beerdigen musste, gerade einmal zwei Wochen nach meinem 34. Geburtstag. Mein Körper dachte, ich hielte ein Baby in den Armen, und reagierte entsprechend. Er produzierte Milch und ich spürte starke Uterus-Kontraktionen, obwohl das Baby gar nicht mehr da war. Ich fühlte unbeschreibliches Leid. Bei den früheren Schicksalsschlägen hatte ich äußerste Widerstandskraft gezeigt, aber diese Geburt, die ein Todesfall war, brach mich gefühlsmäßig völlig. Ich wurde von riesigen Schuldgefühlen geplagt, als sei es meine Schuld, und der Tod meines Babys verfolgte mich. Alle um mich herum gingen ihren normalen Tätigkeiten nach, während ich in einer Weise litt, die ich nie für möglich gehalten hätte. Ich entwickelte einen Anfall extremer Schlaflosigkeit und versuchte, mit der unüberwindlichen und nicht enden wollenden Trauer auf meine Weise umzugehen. Eines Tages hatte ich das Bedürfnis, etwas zu tun, von dem ich glaubte, dass es meinen Schmerz lindern würde, und ließ die Fußabdrücke meiner kleinen Tochter auf die Rückseite meines Arms tätowieren. So ist sie immer bei mir, und irgendwie war es eine gute Erfahrung, die Schmerzen der Nadel zu spüren, während dieses Kunstwerk auf meinem Körper geschaffen wurde.

Ich versprach meiner Tochter, dass ich ihre Existenz genauso in Ehren halten würde wie meine anderen wunderbaren Kinder. Sie ist für mich genauso wertvoll wie meine anderen Kinder. Wenn diese heute über ihre Geschwister sprechen, vergessen sie sie nie. Sie wachsen mit einer Schwester auf, auch wenn sie nicht physisch anwesend ist. Bei vielen Gelegenheiten habe ich gehört, wie sie ihren Freunden von ihr erzählen. Sie wird immer Teil meiner Familie sein, und ich kann nie sagen, dass ich nur vier Kinder habe, wenn ich danach gefragt werde – es sind im Ganzen fünf. Jedes Jahr an ihrem Geburtstag besuche ich mit den Kindern ihr Grab, und wir singen *Happy Birthday* für sie. Das ist eine Familientradition geworden, und ich muss immer lächeln angesichts der besonderen Liebe, die sie ihr zeigen. Sie begrüßen sie mit Liebeserklärungen, wenn wir am Friedhof vorbeifahren. Sie lebt auf immer in unseren Herzen.

Die Monate vergingen, und das Leben normalisierte sich langsam wieder. Ich konnte fest schlafen, und das Leben bot wieder Freude. Das Verlangen nach einem weiteren Baby war sehr stark; diesmal sogar mehr bei Felix als bei mir. Es schien, als hätte der Verlust unseres Babys seinen Wunsch, unsere Familie um ein weiteres Mitglied zu vergrößern, noch verstärkt. Nach einer Operation, bei der sowohl eine verdächtige Wucherung als auch ein Eileiter entfernt wurden, erhielt ich am ersten Jahrestag meiner Tochter die wunderbare Nachricht, dass ich wieder ein Baby erwartete. Ich war erschrocken, aber auch sehr dankbar dafür, dass ich erneut schwanger werden konnte. Die Schwangerschaft verlief gut, sie begann sich abzuzeichnen, und ich fühlte mich, als ob alles zum Besten stand. Ich hatte meine Arbeit, meinen Mann, ein Haus mit schönem Garten und meine wunderbaren Kinder um mich. Ich hatte meine eigene Familie geschaffen, da meine Geburtsfamilie mich so verraten hatte. Ich war sicher in meiner Ersatzfamilie. Die Eltern, Brüder, Tanten und Schwägerinnen von Felix boten mir alle Unterstützung, Liebenswürdigkeit und Fürsorge. Ich fühlte mich bei diesen Menschen wohl und hatte keine Zweifel, dass sie mir bei jeder Art von Problemen zur Seite stehen und mich unterstützen würden, wie man es von einer Familie erwartet.

Die Schwangerschaft schritt fort und ich hatte den achten Monat erreicht. Wir waren sehr aufgeregt, noch ein süßes Baby willkommen zu heißen; die Kinder konnten die Geburt kaum noch erwarten. Sie waren sehr ungeduldig, sie wollten ihn endlich sehen, nachdem er schon ständig durch den dicken Bauch nach ihnen trat. Sie wollten ihn halten und hatten schon die verschiedenen Rollen untereinander verteilt: Einer sollte fürs Baden zuständig sein, einer fürs Fläschchen, und der, der nichts zu sagen hatte, sollte die Windeln wechseln.

Eines Abends, nachdem die Kinder im Bett waren, kam Felix zu mir und sprach über einen Artikel, den er gelesen hatte. Er erwähnte, dass es um eine Praxis ging, die „Polyamorie" genannt wurde. Weiter erklärte er, dass eine Person viele Menschen gleichzeitig lieben und trotzdem zu seiner Ehe stehen konnte. Ich war völlig verwirrt. Ich wusste nicht, warum er das Thema ansprach, und so ließ ich ihn ausreden. Er fuhr fort und fragt mich in offenbar nervösem Ton, ob ich an einer solchen polyamourösen Beziehung Interesse hätte. Ich war schockiert. Ich dachte, ich hätte nicht richtig gehört. Hatte er mir wirklich gerade vorgeschlagen, dass ich mich mit anderen Männern treffe, während er etwas mit anderen Frauen hat? Wollte er wirklich andeuten, er würde nicht eifersüchtig, wenn ich eine Beziehung mit einem anderen Mann hätte, und glaubte er wirklich, ich wäre einverstanden, wenn er nach fast zehn Ehejahren eine andere Frau träfe? Da war ich völlig sprachlos und brach in Tränen aus. Ich war hochschwanger, und meine Hormone waren in Wallung. Zuerst dachte ich, dass er einen Witz machte, und so antwortete ich, dass ganz bestimmt kein anderer Mann mich mit dieser Wassermelone unter dem Hemd treffen wollte. Tatsächlich machte er keinen Witz. Es war ihm völlig ernst.

Als mir klar wurde, dass das kein Scherz war, sagte ich ihm natürlich, dass ich sehr eifersüchtig wäre – wie konnte er nur etwas anderes glauben? Ich liebte ihn doch. Ich unterdrückte weitere Tränen und ging ins Bett. Ich war nie eifersüchtig gewesen, da Felix mir nie Grund gegeben hatte, an seiner Treue zu zweifeln. Ich habe immer allen Leuten gesagt, wie froh ich war, dass Felix von der Art von Männern war, die Autos lieben und nicht nach anderen Frauen gucken.

Diese Nacht weinte ich mir im Bett die Augen aus. Ich war schockiert und verwirrt darüber, was Felix mir gerade im Wohnzimmer gesagt hatte. Ich wusste nicht, was ich mit dieser Information anfangen sollte. Liebte er mich überhaupt? Warum würde er auch nur ins Gespräch bringen andere Frauen zu treffen? War er in unserer Ehe unzufrieden? Meine Gedanken gingen in alle Richtungen und ich fand keinen Schlaf bei der Vorstellung, dass Felix eine andere Frau küsste. Mein Herz raste, ich konnte mich nicht beruhigen, ich war untröstlich, dass Felix auch nur daran dachte. Ich war untröstlich über eine einfach ausgesprochene Absicht, nicht einmal eine wirkliche Handlung. Ich konnte mir nicht vorstellen, wie ich mich fühlen würde, wenn er tatsächlich ein Verhältnis mit einer anderen hätte, wo ich schon derartig aufgebracht war, wenn er so etwas laut vor mir aussprach. Ich schickte eine Textnachricht an meine beste Freundin Hild in England und teilte ihr mit, was Felix mir gerade gesagt hatte. Sie war genauso schockiert, und wir kamen zu dem Schluss, dass er sich vielleicht in der Midlifecrisis befand und morgen wieder alles in Ordnung wäre.

Ich konnte das nicht auf sich beruhen lassen und fing an mir wirklich Sorgen zu machen, dass Felix darüber nachdachte, jemand anderen zu treffen. Ich schrieb Felix einen langen Liebesbrief, in dem ich noch einmal betonte, wie sehr ich ihn nach fast zehn Ehejahren liebte. Ich erklärte, wie bestürzt ich schon bei dem Gedanken war, dass er eine andere berührt. Ich war bis dahin überzeugt, dass er nie eine andere Frau auch nur angesehen hatte, und was er in der Nacht zuvor vorgeschlagen hatte, musste mit seiner Midlifecrisis zusammenhängen. Ich sah das als einen Warnruf und schlug ihm vor, zu einer Paartherapie zu gehen. Dann sagte ich noch einmal, dass allein die Vorstellung von ihm mit einer anderen ausreiche, um mir das Herz zu brechen. Ich schlug ihm vor, dass wir unser Gelübde erneuern, mit einer weiteren schönen Hochzeitsfeier nach zehn Jahren, mit unseren Kindern in schönen Anzügen. Diese Feier würde noch größere Bedeutung haben, mit den Früchten unserer Liebe in Weiß gekleidet. Ich weinte ununterbrochen, seit er diese Polyamorie vorgeschlagen hatte, und während meine Gedanken rasten mit der Vorstellung von Felix in Beziehung mit anderen Frauen, begannen die schlaflosen, atemlosen Nächte. Die letzten Wochen vor der Niederkunft sollten eigentlich dem Nestbau gewidmet sein. Ich hätte mich auf die Ankunft meines süßen Babys vorbereiten sollen, in friedlichem Schlaf Energie sammeln für die Geburt und die schlaflose Zeit, die danach auf mich zukam. Stattdessen war ich unglaublich aufgeregt und verzweifelt darüber, dass mein Ehemann daran dachte, sich mit anderen Frauen zu treffen.

Felix und ich hatten ein langes Gespräch, nachdem er meinen Brief gelesen hatte, und er versicherte mir, dass er nur eine Idee vorgestellt habe und es nichts Konkretes gebe. Er versprach mir, dass er niemals eine andere Frau anrühren werde; schließlich sei er ein verheirateter Mann. Er beruhigte mich, dass ich mir keine Sorgen machen solle und er mich liebe wie bisher, nichts habe sich geändert. Ich stimmte sogar einer Paartherapie zu, um unsere Beziehung zu stärken. Ich glaubte, das Thema sei damit erledigt und ich könne es hinter uns lassen und mich wieder ganz auf unser Baby konzentrieren. Ich nahm Felix in Schutz und sagte mir, es sei alles Teil seiner Midlifecrisis, während er die gefürchtete 40 erreichte, und dies war wohl seine Art zu analysieren, was er vielleicht in seinem Leben versäumt haben mochte.

Es war ein Samstagnachmittag und ich hatte gerade meinen Zweijährigen für seinen Mittagsschlaf ins Bett gebracht. Dann ging ich kurz zu Felix' Computer, um mir die 4D-Ultraschall-Scans von meinem Baby anzusehen, weil mein Computer die CD nicht lesen konnte; ich war sehr aufgeregt, den kleinen Körper wachsen zu sehen. Als ich Felix' Computer einschaltete, erschien eine Pop-up-Mitteilung von einer Frau namens Anita auf dem Bildschirm. Felix hatte diesen Namen nie zuvor erwähnt. Als ich die Nachricht öffnete, wurde aus den Worten vor mir ganz klar, dass Felix eine Liebesaffäre mit Anita hatte. Felix erklärte dieser Frau seine Liebe so romantisch, wie er mit mir in all diesen Jahren nie gesprochen hatte. Er sagte ihr, dass er in der letzten Nacht eine wunderbare Zeit mir ihr verbracht hatte. In diesem Sekundenbruchteil zersplitterte mein Herz in Millionen Teile. Mein Hormonfluss vervielfachte sich, Adrenalin schoss in mein System und ich begann zu hyperventilieren. Es war ganz surreal. Ich wusste nicht, wie ich damit umgehen sollte und mit wem ich darüber sprechen könnte. Ich war äußerst verwirrt und verzweifelt über das Gelesene. Ich teilte Felix mit, dass ich die Nachricht zufällig entdeckt hatte und er etwas dazu sagen solle. Er stellte sich unwissend und tat so, als wisse er nicht, wovon ich rede. Ich schickte ihm ein Bild von der Nachricht auf dem Bildschirm, das vielleicht seinem Gedächtnis auf die Sprünge helfen würde, so dachte ich.

Eine Stunde nach der Entdeckung bat ich Felix' Eltern in unsere Wohnung, um zu sehen, was sie von der Nachricht hielten, die ich gerade auf dem Bildschirm ihres Sohnes gefunden hatte. Sie kamen sofort, und Felix ebenso. Mit tränenüberströmtem Gesicht stellte ich Felix vor seinen Eltern zur Rede. Er schwieg und presste sich ein Kissen vors Gesicht, als schämte er sich für das, was ich gerade über ihn herausgefunden hatte. Ich begann ihn mit Fragen zu bombardieren, als müsste ich dringend Einzelheiten seines Ehebruchs erfahren. Meine Stimme wurde immer lauter, da ich inzwischen ziemlich hysterisch war, sodass der Kleine von seinem Mittagsschlaf aufwachte. Melanie kam zu mir, und ihre einzige Reaktion auf diese Szene war, dass sie mich bat, „sanft" zu ihrem Sohn zu sein, da er sich „etwas antun" könnte, wenn ich zu streng mit meinen Fragen wäre. Und was war mit der Hochschwangeren, die vor ihr stand, mit ihrem Enkel im Bauch? War es ihr egal, ob ich mir nach dieser Entdeckung etwas antun könnte? Diese Äußerung reichte mir zu verstehen, wer hier das „Opfer" sein würde und für wen es schwer war Unterstützung zu finden.

Zu dieser Zeit kannte ich noch nicht den ganzen Umfang seiner Untreue. Ging es um einen unschuldigen Kuss oder um mehr? War es ein einzelnes Erlebnis oder lief so etwas bereits seit Monaten oder vielleicht

Jahren? Alles, was ich in meinem hochschwangeren Zustand fühlen konnte, war tiefe Trauer, Zorn und Verzweiflung. Ich kannte den Mann nicht mehr, den ich zehn Jahre vor diesem Ereignis geheiratet hatte. Konnte ich mich wirklich so sehr getäuscht haben in meiner Personenkenntnis? Ich war immer noch verwirrt und bat Felix, die Situation so detailliert zu erklären, wie er mir gegenüber bereit war. Ich musste alles wissen. Nach meiner Geschichte konnte ich keine weiteren Lügen und Betrug ertragen. Ich musste verstehen, was mit MIR nicht stimmte. Ich brauchte Klarheit, wie ein verheirateter, scheinbar glücklicher Vater so ein Doppelleben führen konnte. Ich glaubte, dass es meine Schuld sein müsse, und stellte mich selbst infrage. War ich nicht attraktiv genug? Hatte ich zu viele Babys zur Welt gebracht, sodass mein Körper nicht mehr so fit war wie der einer 25-Jährigen? War ich im Bett nicht unternehmungslustig genug? Ich musste verstehen, wie ein Erwachsener mit Verantwortung für vier Kinder so egoistisch sein konnte, dass er die Stabilität seiner Familie aufs Spiel setzte für seine eigenen Gelüste. Hatte er nicht geglaubt, dass seine Affäre früher oder später herauskommen würde, möglicherweise mit verheerenden Auswirkungen auf fünf weitere Menschen?

Es war völlig klar, dass ich diesem Mann nie wieder vertrauen konnte. Er brach mein Herz und mein Vertrauen, unsere Ehe hatte keine Grundlage mehr. Er fragte nicht nach meiner Zustimmung zu einer polygamen Beziehung. Er missbrauchte mein Vertrauen und gefährdete meine Gesundheit und die meiner ungeborenen Kinder, indem er neben mir Sex mit anderen hatte. Zu der Zeit wusste ich noch nicht, dass dieser Mann, über den ich allen erzählt hatte, „wie glücklich ich war, dass ich ihn gefunden hatte", mich mehrere Jahre betrogen hatte. Meine Therapeutin interpretierte damals meine Gefühle mit dem Hinweis, dass ich mich deshalb so verletzt fühlte, weil Felix nicht meine Zustimmung für eine polygame Beziehung mit mir hatte. Ich fühlte mich benutzt und getäuscht, und diese Gefühle waren bei mir umso stärker wegen des Déjà-vu des Missbrauchs, bei dem ich auch nicht zugestimmt hatte, aber ungehemmt ausgenutzt worden war.

Seit ich die Affäre entdeckt hatte, kontaktierte mich Anita immer wieder, um zu sehen, ob ich Felix verzeihen würde, sodass sie einschätzen konnte, wo sie bei ihm dran war. Beide machten mir klar, dass sie sich liebten, aber sie wären bereit, ihre Beziehung zu beenden, wenn ich Felix zurücknehmen würde. Ich war zutiefst angewidert und konnte wirklich nicht verstehen, was da vorging. Viele Wochen nach der Entdeckung beklagte sich Anita sogar bei mir über ihr schlechtes Urteilsvermögen bei Männern, durch das sie ständig verletzt wurde. Als „gute Mary" verdrängte ich meinen Schmerz und gab ihr kostenlose Therapiesitzungen zu ihrem Liebesleben. Wie dumm von mir, wenn ich daran zurückdenke. Das zeigt nur wieder, dass meine Selbstachtung einfach nicht vorhanden war. Egal wie sehr die Menschen mir wehtaten, ich blieb die lächelnde, nette, großzügige Frau, bis dahin, dass ich die Frau tröstete, die meine

Ehe zerstört hatte, während ich hochschwanger war. Das musste enden. Schließlich betrog er auch Anita, und aus Boshaftigkeit erzählte sie mir brühwarm, dass sie nicht die einzige war. Felix packte nicht aus über seine Verfehlungen; er gab nur die Teile zu, mit denen er ohnehin erwischt worden war. Wie man sagt, „es tat ihm nicht leid, es tat ihm leid, dass er erwischt worden war". Ich zögerte keine Sekunde und warf ihn aus unserem gemeinsamen Heim, und zwei Tage später reichte ich die Scheidung ein.

Genau zwei Wochen vor der Entdeckung seiner Untreue hatte ich den Ehering verloren. Felix war mir böse und warf mir damals vor, dass ich unsere Ehe nicht ausreichend würdigte, weil ich nicht intensiv genug nach dem Ring suchte. Am Tag der Entdeckung wies ich ihn darauf hin, dass es heuchlerisch war mir vorzuwerfen, dass ich unsere Ehe nicht respektierte angesichts der gerade enthüllten Respektlosigkeit seinerseits. Zur Selbstverteidigung antwortete er, dass er unsere Ehe respektierte, weil er stets den Ehering abnahm und in die Tasche steckte, wenn er mit diesen Frauen verkehrte, mich also respektierte. Ich war perplex.

In meiner Welt sind moralische Prinzipien wichtiger als Komfort und Geld. Hatte der Mangel an Zärtlichkeit und Liebe in seiner Kindheit dazu beigetragen, dass Felix den Unterschied zwischen richtig und falsch nicht verstand, und konnte dies den ungeheuren Mangel an Respekt für mich und meine Kinder erklären? Felix sollte es besser gewusst haben. Er hätte mit mir reden sollen, bevor er bewusst eine andere Frau berührt. Felix hatte viele Gelegenheiten dazu, bevor er den Schritt weiterging und eine der vielen Frauen traf, mit denen er mich letztendlich betrog. Er beschloss in vollem Bewusstsein, die moralische Grenze zu überschreiten. Felix trinkt keinen Alkohol, sodass er zu seinem Leidwesen sein Verhalten nicht darauf schieben konnte. War ich wirklich so naiv, dass ich jahrelang getäuscht wurde, ohne etwas zu bemerken? Wie viel mehr konnte ein einzelner Mensch noch ertragen? Konnte man überhaupt so sehr verletzt werden? Wie konnte ein Mann, der mich im Zustand meiner größten Verletzlichkeit gesehen hatte, es wagen, mein Herz erneut zu brechen? Ich war ratlos. Hatte Felix mich jemals geliebt, oder sollte mich sein Erlöserkomplex für den Rest unserer Ehe verfolgen? Wie konnte er all die Jahre glauben, er könne alles mit mir machen? Hatte ich es akzeptiert, weil ich es nicht besser wusste? Wie kann ein Vater und Ehemann, für den scheinbar alles lief, eines Tages bewusst beschließen, sich auf diese Abwärtsspirale zu begeben? War er zu sehr damit beschäftigt, sich auf die kleinen Unvollkommenheiten zu konzentrieren, um all die großen Dinge zu sehen, die gut waren? Solche Gedanken und Fragen gingen unablässig in meinem Kopf herum.

Während die Monate vergingen, fing ich an, mich selbst zu analysieren und zu hinterfragen, ob ich wirklich Kummer empfand. Warum war ich überhaupt zu Felix hingezogen? Warum lockte ich Menschen in mein Leben, die mich später verletzen würden?

Waren die Grundlagen, die ich als Kind erhalten hatte, so verzerrt, dass ich nicht in der Lage war, die wahren Absichten von Menschen zu erkennen? War diese Beziehung von Anfang an eine Täuschung gewesen? Eine solche Selbstanalyse durchzuführen dauert Jahre und wird vermutlich Fragen offen lassen, aber das ist völlig in Ordnung. Überraschenderweise zeigte Felix keine Reue und schien in seinem Fehlverhalten völlig gerechtfertigt zu sein. Es mag nach einem bekannten Verrat klingen. Er kontaktierte meine Therapeutin und berichtete ihr, was ich herausgefunden hatte. Sie tröstete ihn und erklärte ihm, dass er kein schlechtes Gewissen zu haben brauchte. Es musste früher oder später passieren, wegen Marys „Hintergrund".

Meine Vergangenheit hatte nichts zu tun mit Felix' Ehebruch. Sie hatte mich nicht beeinflusst, erschien jetzt aber als willkommene Rechtfertigung, hinter der er sich verstecken konnte, anstatt Reue zu zeigen. Mit ihren Worten gab meine Psychologin Felix das Selbstvertrauen und die Selbstgerechtigkeit zu glauben, dass sein Ehebruch nicht so schwerwiegend war, und somit konnte er sich über meine Gefühle der Trauer, Verzweiflung und Wut wegen dieser Situation hinwegsetzen. Natürlich konnte ich auch dieser Psychologin nie wieder vertrauen; dafür hatte sie gesorgt. Um noch etwas draufzusetzen und als Zeichen tiefer Respektlosigkeit beschloss Felix, den teuersten, in den Medien umstrittenen Anwalt des Landes zu beauftragen, denselben Anwalt, der auch Nicolas vertreten hatte. Sowohl Felix als auch Nicolas besuchten die Anwaltskanzlei viele Male mit demselben Ziel – mich zu zerbrechen. Felix war bei jeder Verhandlung dabei gewesen, aber das schien ihm jetzt nichts mehr zu bedeuten.

Meine Entscheidung, Felix eine zweite Chance zu geben, wäre anders ausgefallen, wenn er einen unschuldigen Kuss im Alkoholrausch mit einer Kollegin bei einer Weihnachtsfeier auf der Arbeit gebeichtet hätte. Was noch schlimmer war, seine Familie unterstützte ihn einhellig und ließ mich im Stich. Ich war auf mich selbst gestellt, hochschwanger und mit drei kleinen Kindern. Felix zog wieder zu seinen Eltern, mit 40 Jahren, und lebte mehr als ein Jahr bei ihnen. Mein Frauenarzt war sehr besorgt um die Gesundheit meines ungeborenen Kindes wegen des emotionalen Schocks, den ich erlitten hatte. Da mein Arzt von meiner Missbrauchsgeschichte wusste, war er wütend darüber, dass Felix es gewagt hatte, mich in dieser Weise zu verletzen. Mein Arzt fühlte sich verpflichtet mich zu beschützen und versicherte mir, dass er, wenn das mein Wunsch sei, Felix keinen Zutritt zu meinem Entbindungszimmer gewähren werde. Nachdem ich Felix' wahres Gesicht erkannt hatte, konnte ich einfach den Gedanken nicht ertragen, dass er mich nach der Geburt in all der Intimität sehen würde, die er missachtet hatte.

Als Erwachsene musste ich für mich selbst kämpfen, aber ich bin durchgekommen. Ich war daran gewöhnt, im Überlebensmodus zu sein und mit sehr wenig Schlaf zurechtzukommen. Damit war ich vertraut, und ich machte einfach weiter. Am Tag vor der Niederkunft saß ich neben Felix dem Richter gegenüber, der mit einem einfachen Satz ganz beiläufig unsere zehnjährige Ehe auflöste. Am nächsten Tag fuhr ich allein zum Krankenhaus, während die Kontraktionen mit voller Kraft durch meine Gebärmutter pochten, und gebar mein perfektes Baby, mein fünftes, ganz allein.

Während ich diese Zeilen schreibe, fast zwei Jahre nach der schockierenden Entdeckung dieser schlimmen Nachricht, hat niemand von meiner Ersatzfamilie, die mich all die Jahre so sehr zu lieben schien, gefragt, ob ich irgendwelche Hilfe physischer, emotionaler oder finanzieller Art brauchte. Keiner dieser Menschen, die mich und meine Kinder gern zu haben schienen, ist gekommen, um ihre Scham für Felix' Verhalten auszudrücken, anstatt seine Handlungen zu billigen. Vielmehr ließen sie mich fühlen, als ob ich mich falsch verhalten hätte. Ich war die Schuldige. Ich hatte überhaupt kein Netzwerk zur Unterstützung, und sie wussten das. Der einzige Rückzugsort, den ich noch gehabt hatte, war plötzlich wieder verschwunden, weil mir moralische Werte wichtiger waren als alles andere. Erneut erfuhr ich Ablehnung von einer Familie, die mich offenbar nur liebte, wenn ich mich anpasste und meine Selbstachtung verriet. Ich wurde wohl akzeptiert, solange ich jede Respektlosigkeit hinnahm. Das kam mir vertraut vor. Gleich wie freundlich und unschuldig ich war und wie viel Schmerz Felix mir zugefügt hatte, das Blut ging vor.

Sollte ich in Zukunft herausfinden, dass einer meiner

Söhne seine Frau betrügt, und schon gar seine hochschwangere Frau, ich versichere, dass ich ihm die Ohren langziehe und ihm die Meinung sagen werde für seine Missetat. Er muss sich bei seiner Frau entschuldigen, und ich werde sie eher unterstützen als ihn. Ob er mein Kind ist oder nicht: Prinzipien gehen vor. Diese Prinzipien bestimmen, was wir im Leben akzeptieren und was nicht, wie wir anderen erlauben uns zu behandeln und wie wir uns selbst und andere wertschätzen. Sie sind die Grundlagen von allem.

Ich hatte keine Eltern, die mich beschützen, keiner war da, um mir zu sagen, dass ich Besseres verdient hatte als Felix und dass sein Handeln völlig untragbar war. Ich bekam keine emotionelle, materielle, spirituelle oder finanzielle Unterstützung, aber ich kam zurecht. Meine Werkzeuge fürs Überleben lagen in mir, geschärft und gebrauchsfertig, sodass ich alles in meiner Macht Stehende tun konnte, um die Instabilität im Leben meiner Kinder möglichst zu reduzieren. Wir zogen alle in ein neues Haus mit Garten, damit sie nicht die Schule wechseln mussten. Vier Tage nach der Niederkunft erschien ich zu einem Bewerbungsgespräch vor einem Panel von sechs bekannten Experten. Mein Haar war gestylt, mein Make-up perfekt, und mein schlanker Körper war in schicke Kleidung gehüllt. Während des Interviews war mein Kopf vernebelt, und ich entschuldigte mich dafür, dass ich eine einfache wissenschaftliche Frage nicht beantworten konnte. Ich verriet dem Panel, dass ich gerade vier Tage zuvor ein 4-Kilo-Baby aus meinem Körper gepresst hatte. Sie wollten es nicht glauben. Es ist erstaunlich, was ich dank der richtigen Einstellung im Überlebensmodus erreichen konnte.

Im Verlauf der Monate versuchten Felix und sein Anwalt alles, um mich finanziell zu ruinieren. Zu ihrer großen Enttäuschung ließ ich mich nicht zerbrechen, sondern kam immer stärker zurück als je zuvor. Während ich versuchte, meinen Kopf über Wasser zu halten, entwickelte ich chronische Schlaflosigkeit. Ich musste die ganze Zeit mit Arbeit, Kindern – darunter einem kleinen Baby – und meinem eigenen Haushalt jonglieren und dabei stets ein Lächeln auf den Lippen bewahren. Ich trieb meinen Körper, meinen Geist und meine Seele bis zum Äußersten, um zu überleben und über die Runden zu kommen. Ich hielt nie an, ohne Rast, immer in Gedanken bei Plan B, C und D, um trotz allem weiterzumachen. Es fühlte sich für mich an, als wären Geist und Körper völlig voneinander getrennt. Mein Körper kämpfte, um durchzuhalten, aber mein Geist wollte überhaupt nicht wahrhaben, dass etwas nicht stimmte. Diese übermenschliche Anstrengung zu überleben und die tiefe, bedingungslose Liebe für meine Kinder brachten mich dazu weiterzumachen, mit ganz wenig Schlaf, wenn überhaupt. Ich gab allen Vorrang, einschließlich meiner Kinder. Ihre emotionale Stabilität ging meiner Gesundheit vor, und ihr Glück war alles wert, mit dem ich mich körperlich plagte. Ich war entschlossen, ihnen die sorgenfreie Kindheit zu geben, die ich nie erleben durfte. Sie sollten fröhlich und geliebt aufwachsen – das war meine Mission, trotz der Fehler ihres

Vaters. Der chronische Stresszustand, in dem ich mich befand, war nicht meine Wahl. Ich wurde in eine extrem schwierige Lage gezwungen, und ich hatte kein Unterstützungssystem, das mir erlaubt hätte, gelegentlich etwas zu delegieren und mich auszuruhen.

Trotz der Mühen war der riesige Stolz unbezahlbar, den ich jeden Abend nach einem Arbeitstag empfand, wenn ich die Haustür hinter mir zuzog und die Kinder sicher im Haus waren. Diese tägliche Genugtuung wog all die Schwierigkeiten auf, die ich erlebt hatte seit Entdeckung der Untreue. Falls du beim Lesen dieser Zeilen glaubst, dass du den letzten Schritt zur Scheidung von deinem Ehegatten unmöglich gehen kannst, möchte ich dir versichern: Du wirst es schaffen. Du wirst die Freiheit und das Glück finden, die du wegen der Kinder oder einfach aus Bequemlichkeit kompromittiert hattest. Du verdienst es glücklich zu sein. Deine Kinder verdienen es glücklich zu sein. Wenn die Sorgerechtsvereinbarung nach der Scheidung für alle fair ist, werden sie glücklich sein, auch wenn das bedeutet, an zwei Orten zuhause zu sein. Das Leben ist zu kurz, um in einer unglücklichen Ehe hängen zu bleiben „für die Kinder" und dabei dein Glück aufzugeben. Kinder brauchen ausgeglichene Eltern, und oft wirst du erst im Nachhinein feststellen, dass es so am besten ist. Felix' Untreue war definitiv der Auslöser, ohne den ich vermutlich nie den Mut zur Scheidung gefunden hätte, weil ich dann diejenige gewesen wäre, die unsere „Familie auseinandergerissen" hätte; aber meine Familie ist gar nicht zerrissen. Ständiger Streit zwischen den Eltern führt nicht dazu, dass Kinder sich sicher und ruhig fühlen.

Aus welchem Grund auch immer du dich in deiner aktuellen, vergifteten Beziehung eingesperrt fühlst, ob wegen Untreue oder Unverträglichkeit, lass es genug sein. Missbrauch ist oft hübsch verpackt und zeigt selten seine aggressive Seite. Ob durch Worte, psychologisch, emotional oder körperlich, der Täter handelt oft auf sehr liebevolle Weise, sodass du dir einredest, dass er oder sie doch letztendlich nicht so schlimm ist. Ich versichere dir, es ist sehr schwer, Manipulationen zu erkennen, und wenn du mir auch nur etwas ähnelst und so aufgewachsen bist, dass du stets freundlich lächelst und bei den Menschen beliebt sein möchtest, dann vergibst und vergisst du immer wieder allzu leicht.

In gewisser Weise bin ich froh, dass Felix diesen unreifen Schritt unternommen und sich auf diese Weise verhalten hat. Ich hatte vorher nie Freiheit erlebt. Ich ging von einer kontrollierten Beziehung in die nächste. Auch wenn Felix ein entspannter und unkomplizierter Ehemann zu sein schien, war er, bewusst oder unbewusst, genauso kontrollierend und bedrängend und wollte über jede meiner Bewegungen und jede Person, mit der ich Kontakte hatte, genau informiert werden. Nach unserer Scheidung bekam ich eine Nachricht von Felix, in der er mir vorwarf, dass ich mit einem anderen Mann schliefe. Offenbar hatte er auf seinem Handy eine App, die meine

Waage zuhause überwachte. Anscheinend wollte er kontrollieren, wie sich mein Gewicht entwickelte – wirklich sehr fürsorglich. Er wies darauf hin, dass ich unmöglich 76 kg wiegen konnte, wie sein Telefon ihm mitgeteilt hatte, und da auf jeden Fall ein Mann sein musste. Es war sehr peinlich für ihn, als meine schwangere Freundin ihn höflich darüber aufklärte, dass sie meine Waage ausgeliehen hatte. Ich hatte auch immer die Notwendigkeit empfunden, ihn über meinen Aufenthaltsort und meine Pläne zu informieren. Zugleich hatte ich keine Ahnung, mit wem er seine Zeit verbrachte oder wo er sich aufhielt, wie sich Jahre später herausstellen sollte. Ich hatte ihm immer freie Abende und Wochenenden zugestanden, an denen er sich alleine erholen konnte, weit weg von unserem Familienleben.

Felix gab mir selten Aufmerksamkeit und sein Beitrag zu Haushalt und Kinderbetreuung war minimal, obwohl ich Vollzeit arbeitete, sodass ich mir in meiner Ehe wie eine alleinerziehende Mutter vorkam. Nach jeder Geburt war ich am ersten Tag nach der Niederkunft auf den Beinen und führte den Haushalt, mit meinem Baby im Tragetuch. Er zeigte keine Empathie, bot nie an, meine Arbeit zu übernehmen, und die Nachtschichten lagen alle bei mir. Gleichzeitig war ich glücklich, weil ich meine eigene Familie gegründet hatte. Felix machte mir selten Komplimente. Außer von Luke war ich nicht gewohnt, von einem Mann zu hören, dass ihm meine Augen oder meine Liebenswürdigkeit gefallen, oder auch nur, dass er mich mit liebevollen Blicken ansieht. Es wird noch eine Weile dauern, bis ich auf die Komplimente eines Mannes mit einem einfachen „Danke" antworten kann, anstatt ihm scherzhaft zu sagen, er solle aufhören zu lügen. Felix und ich haben selten gestritten, was zu gut klang, um wahr zu sein. Diskussionen sind Teil einer gesunden Beziehung. Wenn Partner überhaupt nicht streiten, kann das ein Zeichen mangelnder Wertschätzung füreinander sein. Da ich während meiner Kindheit und Jugend so wenig Liebe erfahren hatte, waren meine Erwartungen an eine Beziehung zwischen Ehemann und Ehefrau entsprechend niedrig. Eine andere Frau hätte vermutlich eine solche Ehe nicht zehn Jahre lang durchgehalten, aber ich schon. Vielleicht dachte Felix, dass ich ihm etwas „schuldete", weil er mir während der vier Jahre beigestanden hatte, vielleicht war sein Erlöserkomplex so tief, dass er nie über den „Opfer"-Status hinwegkam, in dem er mich kennengelernt hatte. Ich war nie ein Opfer, sondern eine Überlebende, und die beiden Begriffe unterscheiden sich in einer wichtigen Nuance.

Sobald man anfängt, sich selbst zu analysieren, wird die Blickweise auf die eigene Ehe verständlicherweise völlig verzerrt. Felix brauchte nie die Zustimmung eines zukünftigen Schwiegervaters zu suchen. Nur seine Familie nahm an der Hochzeitsfeier teil, während meine Seite leer blieb. Wenn man nicht um seine Beute zu „kämpfen" hat, kann eine gewisse Sorglosigkeit aufkommen. Felix hatte es leicht, er musste nie meinen Vater überzeugen, dass er der richtige Mann für mich war. Ich vermute, wenn ich Eltern gehabt hätte, die herausfanden, dass ihr Schwiegersohn ihre schwangere Tochter verletzte, dann hätten sie mich geschützt. Sie hätten auf meiner Seite gestanden und Felix die Hölle heißgemacht dafür, wie er ihrer Tochter jahrelang mitgespielt hatte. Felix wusste aber implizit, dass es keine Folgen haben würde, wenn sein Doppelleben ans Tageslicht kam. Niemand war da, um mich zu beschützen und ihn zu tadeln, sodass er sich die Freiheit nahm fremdzugehen.

Wenn man seinen Partner betrügt, betrügt man leider auch die Kinder. Es fiel mir schwer zu begreifen, wie jemand jahrelang ein Doppelleben führen konnte, ohne dabei Reue zu spüren. Wie kann ein Vater heimkommen zu Frau und Kindern, nachdem er eine halbe Stunde zuvor mit einer Fremden im Auto oder in einem Hotelzimmer intim gewesen ist? Was den meisten Menschen moralisch falsch vorkommt, ist anscheinend für andere leicht zu rechtfertigen. Wie kann jemand sich im Spiegel anschauen und zugleich eine völlige Lüge leben? Es mag sein, dass ich zu fixiert bin auf moralische Werte; vielleicht mache ich nicht die Entwicklung der modernen Gesellschaft mit, in der Ehebruch akzeptabel ist? Vielleicht war meine Vorstellung von der monogamen Ehe sehr altmodisch? Da die Familie von Felix nicht fand, dass ihr Sohn etwas allzu Schlimmes getan habe und das Leben weitergehe, fühlte ich mich sehr verwirrt, wie man das einfach hinnehmen kann und nicht für das moralisch Richtige einsteht.

Ich habe erst vor 23 Monaten erfahren, was Freiheit

ist. Jetzt kann ich kaufen, was ich will, ohne erst eine zweite Meinung einzuholen von jemandem, der letztendlich entscheidet. Ich kann fahren, wohin es mich verlangt, ohne es vor jemandem zu rechtfertigen. Ich kann meinem Instinkt folgen und Entscheidungen treffen, wie es mir für mich und meine Kinder richtig erscheint, ohne sie zu hinterfragen. Diese Freiheit einer 18-Jährigen, die die Führerscheinprüfung bestanden hat, lernte ich erst nach meiner Scheidung kennen.

Wenn du glaubst, dass du nie wieder einem Menschen trauen oder ihn lieben kannst, lass mich dir sagen, dass es möglich ist, selbst mit dem Stempel „Alleinerziehende mit vielen Kindern" auf der Stirn. Nach meiner Scheidung traf ich in der Tat einen alleinerziehenden Vater, der ebenfalls verstand, was es heißt, nicht in die Schablonen der Gesellschaft zu passen. David hat strahlend blaue Augen, ein wunderschönes Lächeln und bezaubernde Zwillingstöchter. Er liebt elegante Katzen und hasst es, wenn der Kühlschrank leer ist. Diese Beziehung ist die erste, in der ich jemals frei war. Gesunde Fundamente waren diesmal am Platz, und ich war nicht geblendet von verzerrten Werten aus der Vergangenheit. Durch meine Scheidung wusste ich, was ich nie wieder akzeptieren werde. Endlich gewährte ich mir selbst den Respekt, den ich verdiente, und dahinter würde ich nicht zurückgehen. Die Welt lag mir zu Füßen, so fühlte ich mich. Ganz gleich, wie oft unser Vertrauen missbraucht wurde, es liegt an uns, wieder zu vertrauen. Du kannst wieder lieben, auch wenn du überzeugt bist, dass es nie wieder möglich ist. Du kannst eine liebevolle Beziehung mit einem neuen Partner aufbauen: Auch andere Mütter haben schöne Söhne. Die negativen Gefühle loszulassen ist der einzige Weg nach vorn, und das kann niemand für dich tun, nur du selbst.

Auch wenn es so scheint, als ob Vergebung etwas ist, das du für den Menschen tust, der dich verletzt hat: In Wahrheit tust du es für dich selbst. An deinem Zorn, deiner Eifersucht und deiner Trauer festzuhalten wird nur dir schaden, nicht der anderen Person. Es ist sehr schwer loszulassen, aber es ist möglich, und daran arbeite ich. Das Leben ist zu kurz und jeder Tag wertvoll, wie ich an mir selbst erfahren habe. Ich will nicht meine Gedanken und meine Gesundheit an etwas verschwenden, das ich nicht ändern kann. Ich suche nach meinem eigenen Glück und dem meiner Kinder. Ich will mich mit Menschen umgeben, die mir Freude und Wohlbefinden geben, und die Leute loswerden, von denen mir mein Bauchgefühl sagt, dass sie meinem Leben keinen Wert hinzufügen. Nach jeder Notlage kommt das Selektieren. Im Lauf der Jahre, mit jedem Kampf, überprüfe ich die Liste meiner „Freunde". Manche bleiben drauf, andere werden einfach gestrichen. Du siehst erst dann, wer wirklich deine Freunde sind, wenn du Schwierigkeiten hast. Solange alles gut läuft, wird nicht sehr deutlich, wer dich liebt und wer nicht so sehr.

Heute habe ich keine negativen Gefühle mehr gegenüber Felix. Wie haben eine gute Co-Elternschafts-Beziehung. Die Kinder sind glücklich und verstehen die neue Situation mit zwei Elternhäusern. Da dieses neue Familienmodell immer mehr zur neuen Norm wird, fühlen meine Kinder sich nicht fehl am Platz, während sie aufwachsen. Eins von Felix' Lieblingsprogrammen im Fernsehen war *Die Höhle der Löwen*, wo eine Handvoll von Investoren hoffnungsvolle Unternehmer interviewen, um ihr vermarktbares Potenzial zu testen. Felix sagte immer zu mir, es wäre großartig, wenn ich meine Fähigkeiten und Kenntnisse einsetzte, um ein Produkt zu erfinden, sodass wir dadurch beide weniger arbeiten und reich werden können.

Viele Jahre später habe ich mir endlich diese Anregung zu Herzen genommen und ein Buch geschrieben. Ich gehe davon aus, dass er stolz auf mich sein wird, weil ich endlich etwas kreiert habe.

Kapitel vier

*Du weißt nie, wie stark du bist,
bis du nur noch die Wahl hast, stark zu sein.*
Cayla Mills

Das kann nicht wahr sein.

Die Wände sind weiß und kalt. Ich sitze in der Ecke des Wartebereichs und beobachte still, was vor mir geschieht. Bedienstete in weißer Kleidung hasten durch den langen, einsamen Korridor, betreten und verlassen Zimmer. Die Leute, die mit mir warten, sind doppelt so alt wie ich, und unter ihren Gesichtsmasken kann ich nicht sehen, ob sie lächeln oder nicht. Wir sind alle aus demselben Grund hier. Mir graut vor dem, was auf mich zukommt, es ist mein erster Zyklus und ich weiß nicht, was mich erwartet.

Ein Jahr ist vergangen seit der Trennung von Felix, und ich habe ein neues Gleichgewicht im Leben gefunden, es gab nur mich und meine Kinder. Ich fühlte mich wohl in meiner neuen Beziehung mit David, wir hatten das Beste beider Welten. Wir sahen uns an kinderlosen Abenden und hatten jeder unser eigenes Heim, wo wir unsere Kinder so erziehen konnten, wie wir es richtig fanden. Es gab keinen Streit um häusliche Alltagspflichten. Ich hatte den Eindruck, dass ich gut zurechtkam. Ich konnte mir derzeit keine Kinderbetreuerin leisten und versuchte so gut wie möglich, alles am Laufen zu halten. Weihnachten kam, und ich leistete mir ein *Fitbit*, einen Fitnesstracker, auch wenn der Hauptzweck mit Sicherheit nicht war, irgendeine Fitness zu tracken, denn ich stellte fest, dass ich schon in wenigen Stunden auf 10.000 Schritte kam, ohne mich auch nur anzustrengen. Überraschend war das nicht. Ich hatte ein Baby und drei kleine Kinder. Außerdem war ich den ganzen Tag bei der Arbeit auf den Beinen, also war das leicht zu erklären.

Kurz nachdem ich begonnen hatte, mein *Fitbit* zu benutzen, bemerkte ich, dass meine Ruheherzfrequenz im Schnitt zwischen 120 und 140 Schlägen pro Minute betrug, selbst wenn ich im Bett lag. Das fing an mich zu beunruhigen, da ich wusste, dass die durchschnittliche Herzfrequenz in Ruhe zwischen 60 und 100 Schlägen pro Minute sein sollte, möglichst im Bereich von 80. Ich vermutete, dass dies schon sehr lange der Fall war, aber erst jetzt mit der Uhr, die eine optische Mahnung gab, wurde es mir bewusst. Mein Herz arbeitete zu schwer und ich wurde besorgt, dass ich eines Tages mit einem Herzanfall oder einem Schlaganfall zusammenbrechen könnte. Ich suchte einen Kardiologen und einen Pneumologen auf. Nach zahlreichen Untersuchungen fanden die Tests auch eine konstant erhöhte Herzfrequenz mit flacher Atmung sogar während des Schlafs. Da ich keinen REM-Schlaf hatte, konnte der erhöhte Puls auch nicht damit erklärt werden. Die Experten führten es auf Stress zurück und verschrieben einige Nahrungsergänzungsmittel.

Ich eruierte verzweifelt alle verfügbaren Schlafhilfen. Was immer mir in die Hände fiel, kaufte ich. Ich musste endlich meinen Körper ruhen lassen und schlafen. Ich war bereit zu zahlen, was immer nötig war, um etwas von dem lange überfälligen erholsamen Schlaf zu bekommen. Ich ging sogar ins Krankenhaus und bat verzweifelt darum, mich künstlich in Schlaf zu versetzen und eine Woche dazubehalten, damit ich endlich ausruhen konnte nach vollen 18 Monaten, in denen ich praktisch wach geblieben war. Tief im Inneren wusste ich, dass der erzwungene chronische Stress, dem mein Körper ausgesetzt war, mich eines Tages langsam umbringen würde. Mein Körper kämpfte täglich darum durchzuhalten, aber mein Geist wollte das absolut nicht wahrhaben und lief vollständig im Überlebensmodus. Er war selbst dann unablässig in „Kampf-oder-Flucht"-Modus, wenn gar keine unmittelbare Gefahr mehr bestand. Die direkten Bedrohungen verschwanden allmählich, und das Leben wurde ausgeglichener. Die Einsicht, dass ich völlig allein war, verursachte inneren Stress, auch wenn ich von außen nicht so sehr belastet war. Auch wenn meine Ersatzfamilie und Felix keine umfassende Unterstützung gewährten, profitierte ich von einem Placebo-Effekt im Kopf, der mir einredete, dass ich Rückendeckung hätte und mich jemand auffangen würde, sollte ich fallen; und das funktionierte. Diese vermeintliche Rückendeckung fehlte nun völlig. Man sollte die Eltern nicht als selbstverständlich betrachten, gleich wie dysfunktional die Familie sein mag. Sie werden dich in der einen oder anderen Weise auffangen, und diese Gewissheit gibt dir die innere Ruhe, derer du dir gar nicht bewusst bist, bis sie verloren geht.

Monate vergingen, das Leben war hektisch, aber schön. Endlich hatte ich die Mittel, um ein Kindermädchen einzustellen, und fand die wunderbare Anna Lee. Ich begann immer mehr zu delegieren und verbrachte die wenigen Stunden nach der Arbeit als gemeinsame Zeit mit meinen Kindern. Ich begann diese neue Routine von ganzem Herzen anzunehmen, und dann kam der Lockdown. Mir kam die Unterbrechung der täglichen Routine ganz gelegen, und ich verbrachte die schönsten Monate mit meinen Kindern. Wir nutzten den Garten und backten, wir genossen die Entschleunigung des Lebens nach den Schulmorgen voller Hetze und dem ständigen Treiben bis zur Schlafenszeit. Wie die meisten Eltern erhöhte ich auch ihre Zeit vor dem Bildschirm, während ich versuchte, mein Homeoffice einzurichten. Ich hatte kein schlechtes Gewissen deswegen. Der Druck war allgegenwärtig mit Homeschooling und Telearbeit bei gleichzeitiger Betreuung von vier kleinen Kindern ohne Unterstützung. Am Ende kannte ich alle Folgen von *Peppa Wutz* auswendig, ohne auch nur eine einzige gesehen zu haben. Nachdem ich ungewollt immer wieder aus der Ferne zugehört hatte, konnte ich ganze Szenen für die Kinder rezitieren, was sie sehr beeindruckte.

Eines Morgens während dieses Lockdowns spürte ich plötzlich stechende Kreuzschmerzen, sodass ich mich zusammenkrümmte, und sie waren so heftig, dass ich auf den Boden fiel, zusammengerollt und voller Angst, was mit mir geschah. Ich versuchte mehrmals aufzustehen und mühte mich weiter – wie sollte ich auch nur gehen? Mein Baby krabbelte, und ich konnte es nicht hochheben, um die Treppen hinunterzugehen. Nach diesem Vorfall erhielt ich medizinische Versorgung, zahlreiche Steroidinjektionen und starke Medikamente. Ich verdrängte dieses Ereignis als ein Aufflammen meiner andauernden chronischen Kreuzschmerzen. Wenige Wochen später erlitt ich eine abnorme Vaginalblutung. Das machte mir etwas Sorgen, aber ich schrieb es den starken Schmerzmitteln zu, die eine blutverdünnende Wirkung haben können. Zu der Zeit fand ich für mich selbst und für den Arzt Erklärungen der Symptome. Ich schien nie zuzunehmen, egal, wie viel ich aß. Aber auch das schien nachvollziehbar angesichts der Vielzahl ungeplanter Schritte, die meine Fitness-Uhr anzeigte – hinter mehreren kleinen Kindern herzulaufen, das Haus in Ordnung zu halten und einem anspruchsvollen Vollzeitjob nachzugehen war keine Kleinigkeit.

Die Blutung dauerte an, und tief im Innern sagte mir mein Bauchgefühl, dass da etwas nicht stimmt. Es war ganz anders als alle Blutungen, die ich bisher erlebt hatte, und das ständige Austreten dieser roten Substanz erzeugte Panik, sodass ich beschloss, das weiter zu untersuchen. Mein Pap-Test-Ergebnis war unauffällig, kein Grund zur Sorge, was eine große Erleichterung war. Letztendlich war bei einem sauberen Pap-Test die Wahrscheinlichkeit von Krebs ziemlich gering, dachte ich. Bei einer weiteren Untersuchung, da ich immer noch blutete, fand die Gynäkologin einen großen Tumor hoch im Inneren meines Gebärmutterhalses, der bei meiner jährlichen Vorsorgeuntersuchung vor drei Monaten noch nicht vorhanden gewesen war. Wie konnte ich so einen großen Tumor haben, wenn drei Monate früher noch nichts da gewesen war? Wie konnte ein Tumor so schnell gewachsen sein, wo ich vor 16 Monaten ein Kind zur Welt gebracht hatte? Ich war schließlich immer zu den jährlichen Vorsorgeuntersuchungen gegangen. Soweit ich wusste, sollten diese Untersuchungen eine Auffälligkeit entdecken, lange bevor Krebszellen sich in meinem Zervix einnisten konnten. Unmöglich, dass dieser Tumor bösartig sein konnte. Die Ärztin hatte keine Antwort. Sie schickte eine Biopsie ein und versicherte mir, dass es sich einfach um einen Zervixpolypen handeln konnte, der sehr häufig vorkommt und leicht durch einen ambulanten Eingriff entfernt werden kann.

Diese Blutung warf für mich Dutzende von Fragen auf, die durch meinen Kopf rasten, alle zugleich. Hingen die Kreuzschmerzen vielleicht damit zusammen? War mein schneller Puls ein Anzeichen für etwas Schlimmeres als chronischen Stress? Ich wurde besorgt und recherchierte immer mehr, wobei ich mir einredete, dass das Ergebnis unmöglich Krebs sein konnte, da ich in den letzten sieben Jahren fünf

Kinder geboren hatte und alles, was ich las, aussagte, dass Gebärmutterhalskrebs Jahre braucht, um sich zu entwickeln. Dass mein Pap-Test ohne Befund war, reichte, um mich zu überzeugen, dass die Geschwulst gutartig war.

Nach Lektüre dieser Informationen beruhigte ich mich, dass es unmöglich Krebs sein konnte. Ich glaubte an das, was ich mir selbst einredete, und setzte Arbeit und Leben fort wir zuvor. Die Woche des Wartens auf mein Ergebnis ging vorbei, und die Gynäkologin bestellte mich in die Klinik ein zu einem Gespräch. Merkwürdigerweise fiel dieser Termin auf den dritten Todestag meiner Tochter. Als ich mit David im Wartebereich saß, kochte in mir ein ungutes Gefühl auf, da die Ärztin mich länger warten ließ, als für ein Biopsieergebnis nötig sein sollte, und mich ausdrücklich hereinbat. Wenn es ein einfacher Polyp wäre, bräuchte sie doch sicher nicht persönlich mit mir zu sprechen? Mein Herz pochte, während ich wartete, hereingerufen zu werden. Ich war unbewusst an meine chronisch rasante Herzfrequenz gewöhnt, aber diesmal konnte ich sie bewusst spüren.

Die Ärztin rief uns hinein, und schon beim Anblick ihres Gesichtsausdrucks wusste ich, dass die Nachricht nicht gut war. Mit Tränen in ihren Augen verkündete sie mir, das ich eine seltene, invasive und aggressive Form von Gebärmutterhalskrebs hatte. Ohne jeden Optimismus für Prognose oder Überlebensrate nahm ich die Information auf, ohne sie wirklich aufzunehmen, da ich zutiefst erschüttert war. Ich blickte zu David, versuchte, aus seinem Gesichtsausdruck etwas Beruhigung zu erhalten, aber er war ebenso versteinert von dieser brutalen Bekanntgabe wie ich. Es war völlig unwirklich, und ich war in keiner Weise darauf vorbereitet, diese Worte zu hören. Ich konnte nicht einmal weinen, der Schock lähmte mich einen Moment lang vollständig. Ich nahm die Ergebnisse aus der Hand der Ärztin und verließ den Raum benommen. Ich kollabierte, sobald ich hinauskam, vor dem Krankenhaus.

Wie um alles in der Welt konnte ich Krebs haben? Ich war 37 Jahre alt, ernährte mich gesund, hatte nie geraucht und trank kaum Alkohol. Wie konnten die Ärzte das übersehen haben, als ich durch diesen Gebärmutterhals kurz hintereinander fünfmal Kinder geboren hatte, zuletzt vor gerade 16 Monaten? Hatte sie wirklich gerade gesagt, ich hätte Krebs? Das musste ein Fehler sein. Mein Pap-Test war schließlich unauffällig. Sollte dieser jährliche Test nicht alle präkanzerösen Zellen finden, lange bevor sich ein bösartiger Tumor entwickeln konnte? Ich war verwirrt. Ich sah David an, während ich hemmungslos weinte, und wiederholte denselben Satz wieder und wieder, wie in Trance. Er versuchte mich zu beruhigen, aber tief im Inneren wusste ich, dass er nicht mehr wusste über die Diagnose als ich. Ich musste dringend mit jemand anderem sprechen, der diese Nachricht besser erhellen konnte. Ich ging sofort zu meinem üblichen Gynäkologen und sprudelte die verheerende Information hinaus, die ich gerade erhalten hatte. Er versuchte mich zu beruhigen und erklärte mir, dass der Tumor nicht operierbar war und ich, falls der Krebs sich noch nicht ausgebreitet hatte, Chemo- und Radiotherapie erhalten würde, um den Tumor zu verkleinern. Zu diesem Zeitpunkt wusste ich noch nicht, ob der Krebs metastasiert hatte oder nicht. Allein die Tatsache, dass die erste Ärztin von invasiv und aggressiv gesprochen hatte, genügte, um mich in einem möglichen Szenario palliativer Pflege zu sehen.

Meine Welt brach zusammen. Ich rief Hild an und wiederholte etwa hundert Mal am Telefon: „Hild, ich habe Krebs." Ich sprach diese Worte unbewusst, während Tränen an meinem Gesicht herabflossen. Ich fühlte mich gleichsam losgelöst von meinem Körper, als ob dies alles jemand anderem passiert. Das konnte nicht meine neue Realität sein. Ich hatte genug gelitten; ich konnte nicht mehr. Mein Leben hatte sich endlich stabilisiert und ich hatte einen Mann kennengelernt, der mich liebte und respektierte. Hild fühlte sich genauso hilflos und versuchte mich zu beruhigen, während ich in diesem Moment einfach nicht rational denken konnte. Die Neuigkeit war mir so brutal vermittelt worden, dass ich einige Zeit fassungslos blieb. Auch wenn das Leben unvorhersehbar ist, wollte ich nichts mehr als irgendeine Garantie, dass ich lange genug lebe, um meine Babys aufwachsen zu sehen. Ich wollte nicht mehr als das.

In dieser ersten Woche konnte ich nur weinen, es war unerträglich. Das Warten, die Ungewissheit, die unglaubliche Angst, dass ich nicht das Glück haben würde, für meine Kinder da zu sein, das war zu viel für mich, aber ich brachte mich dazu mir zu sagen, dass ich es tragen müsse. Es gab keine andere Möglichkeit, ich war nicht bereit aufzugeben, da ich daran glaubte, dasselbe Recht zu leben zu besitzen wie jeder andere. Das Leben hätte mir doch nicht die Ehre erteilt, diese wunderbaren Kinder auf die Welt zu bringen, nur um mir alles so bald wieder wegzunehmen. Ich weigerte mich zu glauben, dass diese Diagnose mich definieren würde. Es lag an mir etwas zu unternehmen und die Diagnose zu beherrschen, nicht umgekehrt. Ich wusste, dass darin der Schlüssel für mein Wohlergehen lag.

Ich sah meine Kinder an dem Abend nach der brutalen Verkündung meiner Diagnose und ich begrüßte sie mit einem breiten Lächeln, als sei nichts geschehen. Ich glaube, Kinder haben sehr sensible emotionale Antennen und spüren, wenn etwas nicht stimmt. Ich hatte keine Vorstellung, wie ich damit umgehen sollte. Erwähne ich das Wort „Krebs"? Soll ich den Ernst der Krankheit beschönigen, um sie nicht zu ängstigen? Sie würden unvermeidlich bemerken, dass es nicht die üblichen Kreuzschmerzen waren, die sie bei mir zu sehen gewohnt waren. Schließlich würden sie verstehen, dass Menschen an Krebs sterben können. Ich wollte sie beschützen, indem ich meine eigene Angst vor dem Tod herunterspielte. Ich lächelte sie an und versicherte ihnen, dass die Ärzte sich gut um Mami kümmern und die Schmerzen aus ihrem Bauch entfernen würden. Ich zeigte ihnen, wie schön die Verbrennung zweiten Grades an meiner Hand geheilt war, die ich mir zwei Wochen vorher zugezogen hatte. Ich erklärte ihnen, dass mein Körper funktionierte, wie er sollte, um jeden Schmerz zu bekämpfen.

David stand mir während dieser Wochen der Unsicherheit bei, begleitete mich zu meinen Terminen und Scans. Er war ein Fels in der Brandung. Er litt mit mir, wenn die Nachrichten entmutigend waren, und atmete erleichtert auf, wenn zwischen den schlechten Nachrichten etwas Hoffnungsvolles war. Ich war dankbar, diesen Mann an meine Seite zu haben, und er trug wesentlich zu meiner positiven Einstellung bei. Wenn man mit solch einer Diagnose konfrontiert wird, neigt man dazu, sich gleich auf das Worst-Case-Szenario zu versteifen, vor allem, wenn man sie von einer Spezialistin erhält. David ließ nie meine Hand los und erinnerte mich stets an die positiven Aspekte meines persönlichen Falls. Er hielt mich vom Internet fern, mit all den entmutigenden Statistiken, prognostischen Faktoren und Überlebensraten. Er war das Polster, das mich in diesen schwierigen Wochen über Wasser hielt. Er hatte keinesfalls solche Turbulenzen erwartet, gerade einmal ein Jahr, nachdem er mich kennengelernt hatte, aber es schien, als hielte das Leben mehr Überraschungen für mich bereit, als ich erwartet hatte.

Nachdem ich den ersten Schock verarbeitet hatte, ging ich in meinen vertrauten Überlebensmodus. Ich konnte nicht rumsitzen und auf meinen MRT-Termin warten, der volle sechs Wochen nach der Diagnose angesetzt war. Ich hatte keine Zeit zu verlieren und war entschlossen, die Angelegenheit in Angriff zu nehmen und sobald wie möglich eine Lösung für mein Problem zu finden, unabhängig von Entfernung und Kosten. Ich vergewisserte mich, dass meine Kinder sich mit Anna und mit ihrem Vater sicher und geborgen fühlten. Dann nahm ich meine verbliebene Courage und Energie zusammen und fuhr allein hunderte von Kilometern nach Deutschland, um einen erfahrenen gynäkologischen Onkologen aufzusuchen und ein Zweitgutachten einzuholen. Bei einem anderen Therapieansatz als dem der vorherigen Ärzte fühlte ich mich wohler mit der Behandlungsstrategie und glaubte mich gut aufgehoben. Jeder ist anders, und es gibt keine Einheitsbehandlung für alle. Der Ansatz muss individuell angepasst und zugeschnitten werden. Viele Faktoren müssen vor der Entscheidung berücksichtigt werden.

Da Luxemburg zur Covid-Risikozone wurde, beschloss ich, mich selbst in Deutschland die verbleibenden Wochen bis zur Operation in Quarantäne zu begeben, da eine Infektion mit dem Virus meinen Behandlungsbeginn verzögert hätte, wodurch der Krebs möglicherweise gestreut hätte, was bisher nicht der Fall war. Ich blieb allein in einem Hotel mit minimalem Kontakt zur Welt draußen. Ich schwankte ständig zwischen einem Zustand der Erleichterung und absoluter Angst beim Gedanken an eine weitere Ausbreitung des Krebses, da die erste Ärztin ihn als „aggressiv" und „invasiv" bezeichnet hatte. Eines Abends nach dem Essen stand ich auf und fühlte einen Schwall von Blut meine Beine hinabrinnen.

Voller Panik versuchte ich Diskretion zu wahren und hielt mein Kleid umständlich zusammen, während ich langsam zu den Toiletten ging. Die Blutung war unkontrollierbar und die Toilettenkabine sah aus wie der Tatort eines Mordes. Nie zuvor hatte ich eine so starke Blutung erlebt, obwohl ich mit den Blutungen nach der Geburt vertraut war. Diesmal war es anders, der Tumor blutete massiv und hörte einfach nicht auf. Ich versuchte hektisch die Rezeption zu erreichen, auch wenn es mir peinlich war, aber ich brauchte einen Krankenwagen. In jener Nacht nach riesigem Blutverlust allein in einem Krankenhausbett zu liegen, in einem fremden Land fern von meinen Kindern, war absolut schrecklich. Ich stellte mir vor, wie es wäre, wenn ich keine Gelegenheit mehr hätte, mich von meinen Lieben zu verabschieden. Ich war entschlossen, ein solches Szenario nie zuzulassen, auch wenn wir nicht immer kontrollieren können, was mit uns passiert – aber wenigsten können wir entscheiden, wie wir damit umgehen.

Wenige Wochen nach der ursprünglichen Diagnose hatte ich eine lange, komplizierte Operation im Ausland, bei der sich leider zeigte, dass der Krebs schon in die Lymphknoten gestreut hatte. Als ich im Aufwachraum zu mir kam und unter Verlust aller Würde erfuhr, dass der Krebs nicht nur lokal war, sondern in die höchste Kategorie aggressiver Ausbreitung eingeordnet wurde, war ich zutiefst entsetzt. Der Krebs war jetzt nach wenigen Wochen von Stadium 1 auf Stadium 3 hochgestuft worden. Angesichts der Tatsache, dass 4 das Endstadium ist, konnte ich nicht ruhig bleiben. Ich war bereits in einer morbiden Stimmung, und keine Worte konnten meine Ängste abmildern.

Der Krebs war sehr aggressiv, und vor seiner weiteren Bekämpfung sollte ich meinem Körper nach der Operation Gelegenheit zur Erholung geben. Da beschloss ich das Buch zu schreiben, dass du gerade in der Hand hältst. Was hatte ich noch zu verlieren, außer meinem Leben? Endlich war ich bereit, meine tiefste Verletzbarkeit öffentlich darzustellen. David kam in den Aufwachraum und war der erste, den ich in meinem angstvollen, gebrochenen Zustand sah. Ihn zu sehen beruhigte mich, als er mir versicherte, dass alles ins Lot kommen werde. Seine ruhige Art war gerade, was ich brauchte, um die schweren Wochen von Chemotherapie und Strahlenbehandlung zu überstehen, die mir bevorstanden, sobald ich mich von der Operation erholt hatte. Die Wochen der Erholung, getrennt von meinen Kindern, waren die härteste Zeit. Ich war überwältigt von Angst und wusste nicht, wie ich damit umgehen sollte.

Ich versuchte dies alles zu verstehen, um wieder ein Gefühl von Kontrolle zu erlangen. In meinen besten Momenten betrachtete ich diese Krebsdiagnose einfach als ein anderes Etikett, das ich erhalten hatte. Der Tumor hatte vermutlich Jahre gebraucht sich zu entwickeln, und nur weil er jetzt einen Namen hatte, brauchte ich mich nicht „krank" zu fühlen und dementsprechend behandelt werden. Ich war derselbe Mensch wie im Monat vor der Diagnose.

Allmählich akzeptierte ich diese Diagnose und begann mit anderen Krebsüberlebenden zu reden. Sie gaben mir Einsichten aus dem wirklichen Leben über Krebsbehandlung und die möglichen kurz- und langfristigen Nebenwirkungen. Alles, was ich bis dahin über Krebsbehandlung wusste, kam aus meinem Studium. Was ich brauchte, waren echte Menschen, die so etwas durchgemacht hatten und stärker als zuvor herausgekommen waren.

Wenn man eine furchterregende Diagnose wie diese erhält, bricht die ganze Welt, wie man sie gekannt hat, auf einmal zusammen, während man sich mit der eigenen Sterblichkeit auseinandersetzen muss. Man fühlt sich, als habe man die Kontrolle über das eigene Leben verloren, und nichts ist mehr wichtig außer dem einzigen Wunsch: zu leben. Krebs war das Letzte, was ich erwartet hatte, aber ich hatte ihn, und er überraschte mich nicht. Der chronisch stressreiche „Kampf-oder-Flucht"-Modus, in dem ich mich seit Entdeckung des Ehebruchs befand, erhöhte die Stresshormone wie Cortisol und Adrenalin und reduzierte die Immunantwort. Dazu kam die extreme Schlaflosigkeit, sodass die Zellen nie Gelegenheit zu Ruhe und Regeneration erhielten. Die Fehlfunktion einer einzigen Zelle, die nicht effizient durch ein funktionierendes Immunsystem entgiftet wird, reicht aus, einen Teufelskreis unbegrenzter Vervielfältigung von Zellen auszulösen, woraus ein bösartiger Tumor entsteht.

Diese Diagnose war ein deutlicher Warnruf für mich,

dass ich mich endlich um mich selbst kümmern und es langsamer angehen lassen sollte. Wenn ich jetzt nicht meinen Körper in Ordnung brachte, würden meine Kinder ohne Mutter aufwachsen, und ich war entschlossen dafür zu sorgen, dass dies nie geschehen werde. Die unterstützende Chemotherapie und die Bestrahlung nach der Operation waren für mich körperlich und emotional sehr schwierig. Nachdem mit einem chirurgischen Eingriff ein Portkatheter unter meinem Schlüsselbein gelegt worden war, wurde alles sehr real. Die fremde Kugel unter meiner Haut war sehr merkwürdig, ein optischer Hinweis auf die Behandlung, die mich erwartete. Ich wusste, dass dies praktisch für die Chemotherapie ist, aber die Tatsache, dass ich danach noch einige Jahre damit leben musste, „für den Fall der Fälle", das war schwer zu akzeptieren. Wenn ich jetzt jemanden mit dieser Narbe unter dem Schlüsselbein sehe, mit oder ohne Zugang, kommt es mir vor, als seien wir Mitglieder in einem Geheimbund – ein Club, aus dem wir herzlich gern austreten würden.

Das Krankenhauspersonal war freundlich, und ich begann Beziehungen zu den älteren Leuten zu entwickeln, die ebenfalls tägliche Bestrahlungen und wöchentliche Chemotherapie mit mir erhielten. Allein die Tatsache, dass die medizinischen Angestellten Schutzkleidung trugen, wenn sie meine Chemotherapie durchführten, genügte, um die Flüssigkeit, die in meine Vene floss, als Gift wahrzunehmen, auch wenn ich vernunftmäßig wusste, dass sie meine Heilung unterstützte. Auch wenn die Röntgenassistenten bei jeder der dreißig Radiotherapiesitzungen, die ich erhielt, den Raum verließen, war mir klar, dass es für sie viel zu gefährlich war, mit mir im selben Raum zu sein, während ich die volle Strahlendosis in meinen Körper bekam.

Die erste Behandlungswoche fühlte sich an wie ein Spaziergang. Ich hatte mir Krebstherapie brutaler vorgestellt, aber es ging mir körperlich gut, oder zumindest kam es mir so vor. Das war voreilig, wie mir bald klar wurde, denn am ersten Wochenende wurde ich zu einem chaotischen Häuflein Mensch, konnte nicht aufstehen, geschweige denn allein zur Toilette gehen. Anhaltende Übelkeit setzte ein, und die tiefe Erschöpfung war stärker als ich. Ich war allein und unglücklich, nicht in der Lage, für mich selbst zu sorgen. Für jemanden, der gewohnt ist sein Leben zu kontrollieren, war diese neue Normalität ein Schlag ins Gesicht. Ich war sehr selbstständig, und auf einmal war ich nichts – so fühlte es sich jedenfalls an. Die plötzliche vorzeitige Menopause trug auch nicht dazu bei, mich besser fühlen zu lassen. Unerträgliche Hitzewallungen setzten ein, sodass ich nicht wie meine Umgebung Kälte oder Wärme wahrnehmen konnte. Es war, als spielte eins meiner Kinder ständig, Tag und Nacht, mit meinem inneren Thermostat. Wenn man an die Menopause denkt, nehmen viele an, dass alles um Hitzewallungen geht, aber da gibt es viel mehr, und mein Körper war zu jung, um die nächsten Jahre ohne den Fluss von Östrogen zu leben. Auf längere Sicht war wesentlich für mein Herz, meine Knochen, das Gehirn, emotionelles Wohlergehen und sexuelle

Gesundheit, dass weiterhin Östrogen durch meine Adern fließt. Ich hatte keine Gelegenheit, durch die Perimenopause zu steuern, und der radikale Abfall der Hormone war viel zu brutal.

Diesmal zögerte ich nicht, um Hilfe zu bitten. Da ich allein wohnte und keine unmittelbare Unterstützung erreichbar war, falls ich sie brauchte, bat ich um einen tragbaren Notrufknopf für Notfälle. Dieser Dienst ist eigentlich für Senioren gedacht, wird aber auch jüngeren Patienten angeboten, die allein leben. Ich bestellte auch Essen auf Rädern, so dass mir jeden Tag warmes Essen geliefert wurde. Das kündigte ich aber rasch wieder, da mir jeglicher Appetit auf gekochte Speisen vergangen war. Ich musste zunehmen, sowohl aus physischen als auch aus psychischen Gründen. Ich musste aufhören, ein mageres Mädchen im Spiegel zu sehen, weil für mich dieses Bild mit Krankheit assoziiert ist. Ich wollte unbedingt 5-10 Kilo mehr an mir sehen, um mich gesund zu fühlen.

Ich hatte ein merkwürdiges Verlangen nach kaltem Essen, und wochenlang bestand meine perfekte Mahlzeit aus Karottenstiften, Gurken, Paprika und Cherrytomaten mit einem Dip aus vollfetter Sahne gewürzt mit Salz und Pfeffer. Essiggemüse gehörte auch zu meinem Menü. In gewisser Weise waren die Nebenwirkungen der Behandlung vergleichbar mit einer Schwangerschaft, mit extremer Müdigkeit, merkwürdigen Gelüsten, ständiger Übelkeit und Erbrechen, nur ohne das kostbare Geschenk am Ende, wobei ich auch einen eindeutig negativen Scan bei der

Kontrolle als ein sehr wertvolles Geschenk betrachte. Ich vergieße bereitwillig Freudentränen, wenn ich einen negativen CT-, PET- oder MRT-Bericht in meine Arme schließe wie neue Eltern ihr gerade geborenes Baby. Für den Krebspatient ist es schließlich eine Wiedergeburt nach langer, schwieriger Behandlung. Es ist seine zweite Chance, oder für manche eine dritte oder vierte Chance, und es lässt sich gewissermaßen vergleichen mit einer „Rückkehr von den Toten", vor allem nach einer Krebsdiagnose in Stadien 3 oder 4.

Da die Chemotherapiestation voll mit Menschen war, die wesentlich älter waren als ich, fühlte ich mich ganz fehl am Platz und hatte täglich ein Gefühl der Ungerechtigkeit. Ich denke, mit jüngeren Patienten, die mit mir im selben Boot sind, hätte ich mich weniger alleine gefühlt. Ich sprach mit allen im Wartezimmer, obwohl es mit der Maske noch einmal schwieriger war das Eis zu brechen, aber wir alle gewöhnten uns als Gesellschaft rasch an die neue Normalität. Ich hörte gern zu, wenn die Leute, die mit mir kämpften, Geschichten aus ihrer Kindheit erzählten. Meine allwöchentliche Zimmergenossin im Krankenhaus, Geraldine, war sehr angenehm. Sie hat vier Söhne, und sie ist genau vierzig Jahre älter als ich. Ihr Behandlungsplan war derselbe wie meiner nach der Operation, und ihr hartnäckiger Überlebenswille trotz der Notwendigkeit, jeden Tag während der sechswöchigen schwierigen Behandlung eine gute Stunde hin- und wieder zurückzufahren, war mir eine gute Lehre. Egal wie alt man ist, man hat nie genug gelebt, um es genug sein zu lassen. Diese

Entschlossenheit, jedes Unglück durchzustehen, unabhängig vom Alter, ist äußerst bewundernswert.

Bei vielen Gelegenheiten kam David zu meinen wöchentlichen Chemotherapiesitzungen und saß einfach neben mir, während die Infusion ihren Weg in meinen Körper nahm. Er bot mir eine sehr willkommene Ablenkung von meiner aktuellen Wirklichkeit, und wir füllten diese Augenblicke aus mit Scherzen und Lachen.

Eins unserer allwöchentlichen Spiele war es zu erraten, welches Lied die Infusionspumpe gerade summte. Die zahllosen Nebenwirkungen der Krebsbehandlung zermürbten mich allmählich. Nach der Halbzeit der Behandlung konnte ich es einfach nicht mehr ertragen, es kam mir vor, als wolle es nie mehr aufhören, und ich war emotional erschöpft, weil ich körperlich gebrochen war und mich nicht mehr wie ein Mensch fühlte.

Ich empfand mich vom wirklichen Leben abgehängt. Es war, als lebte ich in einem Paralleluniversum, während draußen das Leben mit seinen Alltagssorgen weiterging. Ich hatte keine Beziehung mehr zu den Belangen der Menschen; mein Mitgefühl stieß an seine Grenzen. Auch wenn die Welt draußen sich verändert, mit dem neuen Virus, das Ungewissheiten schuf und die Grundfesten der Welt erschütterte, war ich sehr neidisch auf die Leute, die sich um einfache Dinge sorgten, während ich hier saß, unfähig mich zu bewegen, zu essen oder zu schlafen, voll Angst vor dem, was noch kommen sollte. Leider schienen viele um mich herum die Nebenwirkungen der Behandlung mit den Symptomen des Krebses zu verwechseln und behandelten mich dementsprechend mit Mitleid. Da Krebs meist unsichtbar ist und keine Symptome verursacht, bis er fortgeschritten ist, leiden die Patientinnen und Patienten nur während der Behandlung. Gewichts- und Haarverlust, Übelkeit und Erbrechen, extreme Erschöpfung und ein blasses Gesicht verleihen den Patienten ein „krankes" Aussehen, während sie sich ohne Behandlung gut fühlen und gesund aussehen können. Diese Zeichen werden als Teil des Krankheitsverlaufs aufgefasst, und die Menschen vergessen oft, dass es die Behandlung ist, die das Leiden verursacht, und nicht die Krankheit selbst. Wie bei vielen Verletzungen muss man daran denken, dass es schlimmer wird, bevor es sich bessert. David wich nie von meiner Seite und hielt mich bei Laune, er zählte mit mir die Sitzungen herunter und war der beste Cheerleader, den ich mir hätte wünschen können.

Merkwürdigerweise war die letzte Behandlungswoche für mich emotional die härteste, auch wenn ich eigentlich hätte erleichtert sein sollen. Es schien, als fürchtete ich mich vor dem Loch, in das ich fallen würde, nachdem ich monatelang versorgt worden war. Irgendwie war ich besorgt, mit meinen Ängsten alleingelassen zu werden. Mir war klar, dass ich ein Unterstützernetzwerk aufbauen müsste, das mich nach der Behandlung umgeben würde. Ich ließ mich in ein wundervolles onkologisches Rehabilitationszentrum aufnehmen, wo man mir half, am Ende der Therapie meine Kräfte wiederzugewinnen. Das Programm ist individuell an die Bedürfnisse der einzelnen Patienten angepasst und bietet einen guten Übergang vor der Rückkehr in den Alltag zuhause und am Arbeitsplatz. Der Gewinn, den alle Fachkräfte in der Einrichtung hervorbringen, ist unschätzbar, und ich kann es nur nachdrücklich empfehlen. Ein Netzwerk von Physiotherapeuten, Ärzten, Pflegekräften, Ernährungsberatern, Psychologen und Sozialarbeitern zielt darauf, den Patienten ein umfassendes Instrumentarium für zuhause zu vermitteln. Das Zentrum, das ich besuchte, lag mitten im Grünen, sodass ich im Wald spazieren gehen konnte und endlich wieder Boden unter den Füßen spürte.

Ich hatte große Vorbehalte, dass meine Kinder mich während der Therapie als „krank" sehen würden. Ich musste erst lernen, dass ich nicht immer meine „übermenschliche" Maske aufzusetzen brauchte. Ich darf Schmerzen haben und es zeigen. Ich will nicht, dass sie mit der Vorstellung aufwachsen, jederzeit perfekt sein zu müssen. Ich erinnere meine Kinder immer wieder daran, dass sie Fehler machen dürfen, weil Mami auch Fehler macht. Eines Sonntagmorgens fragten die Kinder mich, ob sie auch die Strahlenmarken auf ihren Bauch malen dürfen, zusammen mit der Narbe und dem Port. Ich zeichnete dieselben Marken, die ich trug, auf ihre kleinen Körper, und auch wenn es ein zwangloses Spiel war, ging es doch tiefer. An diesem Tag fühlten sie sich in meinen Schmerz einbezogen, auch wenn sie keine Schmerzen hatten. Das war für mich symbolisch sehr heilsam, und ich nehme an, für sie auch. Da das neue Coronavirus draußen Schwierigkeiten bereitete und eine einfache Infektion für eine Person in Krebstherapie lebensbedrohend sein konnte, musste ich mich einer zusätzlichen Sorge stellen, da mein Immunsystem von Woche zu Woche immer stärker angegriffen wurde.

Die Kinder wachsen jetzt in einer Welt auf, die voller Menschen mit Masken und Handschuhen ist, ohne die Gesichtsausdrücke, die so wichtig sind für das Lernen und sozialen Umgang in frühem Alter. Trotz meiner größten Befürchtungen konnte ich einfach nicht jeden Tag von früh bis spät die Maske tragen, wenn ich bei meinen Kindern war; sie brauchten den Trost meines Lächelns, mit dem ich zeigte, dass alles in Ordnung war – auch wenn das nicht immer zutraf. Manchmal erwarten wir viel zu viel von unseren Kindern. Wir erwarten, dass sie rational denken und sich verhalten wie Erwachsene, wo wir selbst doch 30 Jahre gebraucht haben, um zu lernen, was wir jetzt wissen. Wir neigen dazu, ihnen nicht die notwendige Zeit zu geben, um hinzufallen und zu lernen. Sie wachsen auf mit dem Gefühl uns zu enttäuschen, wenn sie nicht den Erwartungen entsprechen. Ich sage meinen Kindern, dass sie traurig, wütend, eifersüchtig oder frustriert sein dürfen. Sie dürfen weinen, wenn ihnen etwas wehtut. Ich ermutige sie, ihre Gefühle offen mitzuteilen und frei auszudrücken.

Jungen können mit Puppen spielen, wenn sie wollen. Sie können sich als Elsa aus der *Eiskönigin* verkleiden, wenn es ihnen Spaß macht. Wie können wir erwarten, dass Jungen elterliche Zuneigung entwickeln, wenn sie mit der Vorstellung aufwachsen, dass elterliche Zuneigung nur etwas für Mädchen ist? Die Gesellschaft trägt unbewusst dazu bei, dass wir in einer Welt leben, in der nur Mütter als geeignet angesehen werden, sich um Kinder zu kümmern, während Väter nur raufen und „babysitten" sollen. Sie werden gelobt, wenn sie einfache Aufgaben in der Kinderbetreuung übernehmen, als ob sie der Mutter einen Gefallen täten. Vielleicht sollten wir darüber nachdenken, wie die geschlechtsspezifischen Spielzeuge in frühem Alter den Pool an Vätern beeinflussen, den wir in der Zukunft bekommen. Es ist vielleicht an der Zeit, den Kindern die Wahl zu lassen, womit sie spielen wollen. Vielleicht sollten wir nicht kichern, wenn Jungs spielen, dass sie Babys haben, und sollten Mädchen anregen, Spielsachen zu verwenden, die logisches Denken anregen. Wir wollen Gleichberechtigung zwischen den Eltern – dann sollten wir damit anfangen, den Kindern von früh an gleiche Chancen zu geben. Wir sollten nicht davon ausgehen, dass jedes Mädchen Rosa und Glitzerkram mag, während Jungs *Lego* und Autos wollen.

Wir sollten unseren Kindern auf Augenhöhe begegnen und sie so behandeln, wie wir behandelt werden wollen. Wir sollten nicht ihre Intelligenz untergraben, nur weil sie klein sind. Sie verstehen mehr, als wir ihnen zutrauen. Sie sind all die körperlichen und emotionalen Schmerzen wert, die ich momentan fühle und durchmache. Letztendlich werde ich etliche Monate nicht mit meinen Kindern zusammengelebt haben, aber das Wiedersehen zuhause wird darum umso herzlicher sein. Schon die Vorstellung von diesem Wiedersehen ist für mich eine riesige Motivation weiterzumachen. Auch wenn ich sie mehr vermisse, als Worte je ausdrücken können, sage ich mir, weshalb diese Auszeit notwendig ist. Ich muss mich erst um mich selbst kümmern, ehe ich meine Kinder versorgen kann, damit ich so fit wie möglich bin. Ich werde dafür sorgen, dass ich meinen Motor nie wieder trocken fahren lasse. Ich bin dankbar für die neuen Technologien, die mir erlauben, mit meinen Kindern in Kontakt zu bleiben. Ihre nie endenden Liebesbekundungen wärmen mein Herz und erinnern mich stets an die vier großartigsten Gründe, warum dieser Kampf notwendig ist. Ich beobachte meine Kinder und kann nicht glauben, dass es meine sind. Ich habe größten Respekt. Ich sehe zu, wie sie reden, oft sagen sie völligen Unsinn, und ich merke, dass sie dieselben winzigen Babys sind, die ich nachts stundenlang beruhigt hatte. Ich bin eine glückliche Mami.

Eins meiner absolut liebsten Kinderbücher ist *Ich lieb' dich für immer* von Astrid Desbordes. Die grundlegende Message dieses Buchs ist bedingungslose Liebe. Das Buch ist kurz und bündig. Ich sage meinen Kindern immer, dass meine Lieblingsseite in dem Buch die ist, wo es heißt, dass ich sie liebe, wenn ich sie sehe, wenn sie bei mir sind, und dass ich sie liebe, wenn ich sie nicht sehe, etwa wenn sie bei ihrem Vater sind. Vor allem für Scheidungskinder ist diese Aussage sehr wichtig, da sie sich oft unsicher fühlen bei dem Hin und Her zwischen den Co-Eltern.

Zwar habe ich Meilensteine in der Entwicklung von meinem Baby verpasst, aber mein wunderbares Kindermädchen hält mich auf dem Laufenden mit Fotos und Videos, die mich zum Lächeln bringen. Ich bin so dankbar dafür, dass ich sie gefunden habe, so kurz vor dem Lockdown. Manchmal kommen Menschen in unser Leben und das Timing ist perfekt, ohne dass wir eigentlich wissen, was vor uns liegt. Sie ist ein Segen. Ihr ist es zu verdanken, dass meine Kinder jeden Tag in meinem Haus spielen und in ihren eigenen Betten schlafen können, sodass sie etwas Normalität erleben und nicht das Gefühl haben, dass sie wegziehen und monatelang bei ihrem Vater leben mussten. Sie fühlen sich jeden Tag zuhause, und das ist mir sehr wichtig. Ich setze bewusst alles daran sie zu erinnern, dass alles in Ordnung kommen wird, das Leben wird wieder normal sein, wenn auch für mich in einem etwas langsameren Rhythmus.

Nach jedem Kampf in meinem Leben sagten Leute mir, was für ein „Pech" ich gehabt hätte. Ich antwortete stets mit einem Lächeln: Nein, ich bin sehr glücklich. Ich bin umgeben von meinen großartigen Kindern, die in einem fröhlichen Zuhause aufwachsen. Mehr könnte ich gar nicht verlangen. Die Sichtweise der anderen auf dein Leben kann dich herunterziehen und ganz im Gegensatz zu deinem eigenen Lebensgefühl stehen. Dankbarkeit kommt durch Kämpfe. Je mehr du durchgemacht hast, desto mehr kannst du die Schönheit des Lebens schätzen und sehen, wie viel Glück du hattest. Es ist sehr einfach, Menschen und Dinge als selbstverständlich zu erachten. Der Spruch, dass man den Wert von etwas erst dann erkennt, wenn es verloren ist, trifft leider sehr genau zu.

Auch wenn ich ganz bestimmt nicht noch einen Warnruf brauchte, um die wunderschöne Welt, in der wir leben, zu würdigen, so brauchte ich definitiv diese Zwangspause, die ich gerade durchmache. Selbst wenn ich wollte, wäre ich körperlich gar nicht in Versuchung, mehr zu tun, als mein Körper zulässt. Ich bin dankbar für jeden Augenblick, den ich mit meinen liebsten Kindern verbringen kann. Jetzt kümmere ich mich um MICH. Es gilt: entweder jetzt oder nie. Ich war immer in einem Zustand übertriebener Wachsamkeit, der es meinem Körper nie erlaubt hat sich wirklich zu entspannen. Ich musste seit meiner Kindheit in diesem chronischen Alarmzustand sein, weil ich jeden Tag Schaden erlitt und dies mein Selbstschutz war. Diese Bereitschaft, Gefahren zu bekämpfen, hält bis ins Erwachsenenalter an, und es ist mir völlig klar, dass sich das umgehend ändern muss, damit mein Körper endlich zur Ruhe kommt.

Wenn für andere Menschen Tiefenatmung selbstverständlich ist, so muss ich sie erst wieder lernen. Ich muss mir die Flachatmung abgewöhnen, die mein Herz zu sehr belastet. Es besteht ja keine Gefahr mehr, und ich muss mich selbst davon überzeugen, dass ich in Sicherheit bin und meine Kinder ebenso – das ist alles, worauf es ankommt. Ich gehe bewusst langsam, ohne Hast, während ich früher gewohnt war, überallhin zu rennen. Ich sage mir bewusst, dass meine To-do-Liste warten kann und dass ich Zahlungserinnerungen bekomme, wenn ich eine Rechnung nicht sofort begleiche. Ich muss nicht jederzeit alle meine Aufgaben abgehakt haben. Diese Listen gaben mir immer ein Gefühl von Kontrolle und innerer Ruhe, wenn sie abgehakt waren. Mein Haus musste immer aufgeräumt sein, egal wie müde ich war. Ich konnte auf keinen Fall ins Bett gehen, wenn das Haus unordentlich war. Dieses Verhalten erinnerte eher an eine Zwangsstörung, wobei es für mich einfach dem Gefühl entsprang, dass, wenn mein Haus in Ordnung war, dasselbe auch für meinen inneren Frieden galt. Wir alle versuchen, Grundlagen zu finden, und da ich nichts Gesundes und Festes hatte, worauf ich mich stützen konnte, schuf ich meine eigenen Standards, um mich sicher zu fühlen, egal, wie absurd sie beim Blick von außen erscheinen mögen.

Seit ich Kinder habe, bin ich von mütterlichen Schuldgefühlen geplagt. Ich hatte ständig das Gefühl, meine Kinder zu vernachlässigen, weil ich jedes Mal früher an den Arbeitsplatz zurückkehrte als andere Mütter in der Schule. Die Gesellschaft hat eine subtile Art, bei berufstätigen Müttern das Gefühl zu wecken, dass sie keine idealen Mütter für ihre Kinder sind, weil die Kinder zur Betreuung gehen. Müttern, die nicht arbeiten gehen, wird ebenfalls suggeriert, dass sie nichts wert seien, weil sie scheinbar nicht zum Haushaltseinkommen (und im weiteren Sinne zur Volkswirtschaft) beitragen. Es kommt nicht darauf an, ob man zuhause bleibt, um die Kinder großzuziehen, oder jeden Tag zur Arbeit geht, keins von beidem wird sich richtig anfühlen. Vor allem nach der Scheidung fand ich mich in einer Lage, allein für die Beschaffung des Haushaltseinkommens verantwortlich zu sein. Ich habe gelernt zu akzeptieren, dass dies zwar nicht ideal war, es aber keine andere Möglichkeit gab, meinen Kopf über Wasser zu halten, da ich mit vier kleinen Kindern allein dastand. Ich denke, mütterliche Schuldgefühle werden nie ganz verschwinden. Selbst jetzt, wo ich mich auf einer schwierigen Reise befinde, fühle ich mich schuldig, weil ich nicht bei meinen Kindern bin. Ich muss mir immer wieder selbst sagen, dass ich das für den langfristigen Nutzen tue. Ich muss mich selbst in Ordnung bringen, damit ich in den folgenden Jahren die bestmögliche Mutter sein kann. Die Trennung von ihnen während meiner Krebsbehandlung ist ein kurzfristiger Schmerz für einen längerfristigen Gewinn.

Ich muss menschliche Reflexe neu lernen, die ich offenbar verloren hatte. Ich konnte nicht gähnen, gleich wie müde ich war. Ich fühlte keine Müdigkeit in meinem ständig angespannten Zustand, egal, wie erschöpft ich war, und ich beneidete Menschen, die müde wurden, gähnten und innerhalb weniger Minuten einschliefen. Das wünschte ich mir so sehr. Ich besuchte einen traumasensiblen Yogakurs und begann oft zu gähnen während der Stunde. Ich entschuldigte mich bei der Kursleiterin, weil es mir peinlich war. Sie erklärte mir lächelnd, dass es genau das war, was sie sehen wollte, weil Gähnen anzeigt, dass der Körper sich entspannt. Ich bin es meinem Körper schuldig, mich um ihn zu kümmern, nach all den Schlägen, die er eingesteckt hatte. Er hatte fünf wunderbare Kinder ausgetragen und mich durch Jahrzehnte von Schmerzen gelenkt. Ich werde ihn respektieren und lieben, wie ich es immer schon hätte tun sollen. Ich werde ihm die notwendige Ruhe geben, damit er sich erholt und mein Puls sinkt. Ich werde keine Ausreden erfinden, um die Atemübungen und die Rehabilitation nach Operation, Chemotherapie und Bestrahlung zu verschieben. Es ist jetzt an der Zeit, Körper, Geist und Seele wieder miteinander zu verbinden und die extreme Müdigkeit wahrzunehmen, die mein Geist vollständig geleugnet hatte. Ich bin stolz auf meinen Körper, der mich während all der Jahre trotz zahlloser Schwierigkeiten getragen hat. Bei der ersten Diagnose hatte ich ein ungeheuer starkes Gefühl, von meinem Körper verraten worden zu sein. Heute empfinde ich das nicht mehr so. Ich danke meinem Körper, dass er all diese Schmerzen von Operation und Krebsbehandlung ertragen und sich wieder erholt hat, um mein Weiterleben zu ermöglichen.

Ich habe nie ein gesundes Verhältnis zur Nahrung entwickelt und mir selten die Zeit genommen, für mich zu kochen. Meine Selbstliebe existierte einfach nicht. Jeder andere ging meinen eigenen Bedürfnissen vor. Ich war nicht wichtig genug, und ich aß meist irgendetwas im Gehen, auch wenn ich gesunde Speisen wählte. Dieses Verhalten wird sich in Zukunft unbedingt ändern und ich werde mir die Zeit nehmen, um meinem Körper die besten Nährstoffe zu geben, die er zum Gedeihen benötigt. Wie viele Menschen, die plötzlich mit einer Krebsdiagnose konfrontiert sind, besorgte auch ich mir eine Saftpresse und begann zu recherchieren, wie ich einen Rückfall der Krankheit in Zukunft verhindern könnte. Ich hatte den Drang, aktiv etwas dazu beizutragen. Ich wollte vermeiden, in nächster Zeit wieder solch einen grausamen Urteilsspruch hören zu müssen. Ich versprach mir, dass ich meinen Körper respektvoll behandeln werde, wie er es verdient, nachdem er mich durch all diese Jahre getragen hat. Mein Körper hat mich nicht im Stich gelassen, anders als ich gedachte hatte, als ich zum ersten Mal das Wort „Krebs" hörte. Ich möchte diesem Krebs fast danken, dass er in mein Leben gekommen ist, auch wenn ich mir eine sanftere Art von Weckruf gewünscht hätte. Ein lokaler, häufiger, langsam wachsender Krebs hätte gereicht, um mich aufzuwecken, ich brauchte wirklich die Situation nicht noch mehr zu verkomplizieren. Offensichtlich erhielt ich selbst beim Krebs noch die kompliziertere Version: Es musste eine seltene und aggressive Form sein. Auf jeden Fall war ich bereit, diese Lebensphase durchzustehen, koste es, was es wolle.

Die ausufernden, oft widersprüchlichen Informationen über Krebsvorsorge füllen inzwischen meine Bücherregale. Es gibt offenbar ein großes Marktpotenzial, wenn man mit der existenziellen Angst der

Krebspatienten spielt. Wir sind leichte Beute. Wenn jemand mich einige Monate vorher gefragt hätte, ob ich an die Wirkung bestimmter umgewidmeter Medikamente und natürlicher Ergänzungsstoffe gegen Krebs glaubte, wäre ich nicht besonders begeistert gewesen, außer wenn ich evidenzbasierte Forschungsergebnisse gefunden hätte. Heute bin ich eine große Anhängerin von alternativen Behandlungsformen, die durch wissenschaftliche Forschung belegt sind, wenn sie als Ergänzung konventioneller Krebstherapie mit Medikamenten eingesetzt werden. Das Internet ist ein großer Haufen ungefilterter Informationen, und wenn jemand von einem Tag auf den anderen in diese unbekannte Parallelwelt des Krebses geschleudert wird, kann es unglaublich überwältigend und furchterregend sein. Bitte, bleib weg vom Internet...

Eine solche Diagnose verändert einen Menschen für immer. Ich werde vermutlich stets die stille Angst im Hinterkopf haben, dass der Krebs irgendwann zurückkommt. Die graue Wolke über meinem Kopf, die mir folgt, wird sich hoffentlich mit der Zeit auflösen. Mit jedem Kontroll-Scan, bei dem sich keine Hinweise auf Krankheitsaktivität finden (in der Krebs-Community verwendet man die englische Abkürzung NED für *no evidence of disease*), nimmt mein innerer Frieden langsam zu. Offiziell werde ich erst dann „geheilt" sein, wenn mein Körper wenigstens fünf Jahre krebsfrei geblieben ist. Ich kann mir vorstellen, dass ich noch wachsamer auf neue Symptome achten werde als zuvor. Vermutlich werde ich öfter zu

Vorsorgeuntersuchungen gehen, einfach zu meiner eigenen Beruhigung. Ich werde meinen Körper dabei unterstützen, im besten physischen Zustand für die Bekämpfung von erneuter Erkrankung zu bleiben. Ich bin fest entschlossen dies zu überleben, und ich zweifele nicht daran, dass es mir gelingen wird. Ich werde um Hilfe bitten. Ich werde ohne schlechtes Gewissen mehr Aufgaben delegieren und mich ausruhen. Ich werde mir das ruhige, sorglose Leben gönnen, das ich verdiene.

Selbstverständlich verändert eine solche Begegnung mit der eigenen Sterblichkeit die ganze Sichtweise auf das Leben. Ich wollte immer allen Menschen gefallen. Mir fiel es schwer Nein zu sagen bei Anforderungen am Arbeitsplatz oder in der Gesellschaft, und ich akzeptierte nie das Nein, das aus dem Innersten meiner Seele kam. Ich besuchte Veranstaltungen, zu denen ich nicht gehen wollte. Ich ging höchst vorsichtig mit den Gefühlen anderer Menschen um, tat alles, um sie nicht zu verletzen, und vor allem wollte ich gemocht werden. Das war mein letztendliches Ziel. Meist tat ich mein Bestes, so energieaufwändig es auch war, und es lässt sich leicht sehen, woher dieses Gefühl stammte. Wenn du keine Eltern hast, oder sonst jemanden, der dich unterstützt, dann entsteht das Verlangen allen zu gefallen, und du hast Schwierigkeiten zu unterscheiden, wer dich wirklich liebt und wer es nur darauf anlegt, deine Freundlichkeit auszunutzen. Dieses Bedürfnis, das ich sehr früh kennengelernt habe, ist tief in meinem Inneren verwurzelt. Endlich bin ich an einem Punkt in meinem Leben, wo ich erkenne, was die wahren Absichten der Menschen sind. Man sollte stets dem Bauchgefühl folgen, es trügt selten. Wenn du den Eindruck hast, dass jemand nicht wirklich dein Bestes will, dann stimmt das vermutlich. Je mehr du deinem inneren Führer vertraust und je mehr du danach handelst, desto selbstverständlicher wird dieser Prozess, so, wie es sein soll.

Ich reflektiere jetzt ganz bewusst, ob ich meine Interessen an die erste Stelle setze. Ich habe immer noch Augenblicke, in denen ich mir selbst böse bin, weil ich wieder in den Modus zurückfalle, in dem ich den Leuten gefallen will, aber wenigstens bin ich mir jetzt zunehmend bewusst, welche Verhaltensweisen ich ändern muss. Es wird einige Zeit dauern, diesen ungesunden Reflex zu überwinden, immer alle anderen meinen eigenen Bedürfnissen vorzuziehen. Babyschritte.

Im Lauf der Jahre habe ich gelernt, dass Menschen ein bestimmtes Bild vor Augen haben von jemandem, der einen bestimmten Kampf durchmacht. Wenn jemand diesem erwarteten Bild nicht entspricht, fehlt es leider oft an Empathie. Ich habe immer wieder gehört, dass ich weniger glaubwürdig erscheine, weil ich für Außenstehende nicht aussehe, als ob ich leide. Bis heute gebe ich mir jeden Tag besondere Mühe, nicht in den „Look" des Opfers zu rutschen. Egal wie sehr ich innerlich litt, unter körperlichen oder emotionalen Schmerzen, ich nahm mich zusammen, zog ein hübsches Kleid an, machte mein Haar zurecht, legte Make-up auf und lächelte der Welt zu. Das mag oberflächlich wirken, aber Heilung nach jeder Art von Unglück beginnt im Geist. Wenn mir beim Blick in den Spiegel gefällt, was ich sehe, dann wird mein Körper auch daran glauben. Ich habe gelernt, mich selbst im Spiegel anzulächeln; das ist sehr wirksam. Ich erinnere mich selbst mit Zetteln am Spiegel daran, dass ich es wert bin – ich kann alles erreichen, wenn der innere Wille vorhanden ist.

Andererseits, wenn ich zugelassen hätte, dass die Widrigkeiten Oberhand über mein Leben gewinnen, wäre ich inzwischen vermutlich längst in eine tiefe Depression verfallen. Gründe dafür hätte ich sicher reichlich gehabt. Es ist ganz banal, aber auch wenn du dich nicht danach fühlst, musst du nicht dem erwarteten Image des Opfers verfallen. Gib dir jeden Tag ein wenig Mühe, dich um dich selbst zu kümmern, und lächle. Eine liebe Freundin von mir, Caroline Emile, sagte zu mir, auch wenn ich nicht kontrollieren könne, was mir geschieht, so liege es doch ganz in meiner Hand zu entscheiden, was als nächstes passiert. Sie erinnerte mich auch, dass ich mir selbst nicht Spaß und Freude vorenthalten sollte, egal, was in meinem Leben passiert. Wir neigen dazu anzunehmen, dass wir uns nicht amüsieren und keinen Spaß haben sollten, nur weil wir schwere Zeiten durchmachen. Ganz im Gegenteil, wenn wir froh sind, wird das Immunsystem gestärkt. Bevor Caroline ihre Chemotherapie begann, organisierte sie eine Vor-Chemo-Party und warf sich mit rotem Lippenstift, rotem Nagellack und vor allem: mit einem Lächeln in die schwere Schlacht. Sie sorgte dafür, ihrem Immunsystem jederzeit den Anschub zu geben, den es benötigte, um die Behandlung zu überstehen.

Caroline inspirierte mich, und das war genau die Einstellung, mit der ich mich auf diese schwere Reise begeben habe. Wie zuvor erwähnt, weigere ich mich, das „Opfer"-Image anzunehmen. Ich bin voll motiviert, dies zu überstehen. Ich umgebe mich mit starken Männern und Frauen, die eine ähnliche Reise überlebt haben. Sie geben mir die Kraft, diesen Krebs voll und ganz zu schlagen. Falls du unglücklicherweise in meine Lage geraten bist, rate ich dir dringend, nach Gleichgesinnten Ausschau zu halten, die entweder denselben Kampf durchgemacht haben oder gerade darin stecken. Das ist Gold wert und macht sehr viel aus. Ich bin nie ein großer Fan der sozialen Medien gewesen, aber ich sehe definitiv ihren Nutzen in Zeiten wie diesen. So konnte ich Kontakt mit Menschen in aller Welt aufnehmen.

Die Solidarität von Fremden lässt mich an die Menschlichkeit glauben. Wenn Fremde anderen Fremden helfen, die im selben Boot sitzen, entsteht eine bemerkenswerte Kraft. Unabhängig vom eigenen Kampf gibt es da draußen andere, die gerade genauso leiden wie du und mit denen du dich identifizieren kannst. Sie haben dieselben oder ähnliche Ängste und Sorgen, die sie nachts wachhalten, und dieselben physischen Schmerzen. Dann sind da auch die, die dir um Jahre voraus sind. Es ist tröstlich und beruhigend, mit Menschen zu reden, die dir Hoffnung geben, an die du dich halten kannst. Es ist wichtig, dich mit Menschen zu umgeben, die selbst diese Schmerzen erlitten haben, aber jetzt in Remission sind, und ein erfülltes, pulsierendes Leben zu führen. Das ist natürlich oft leichter gesagt als getan, aber jeder von uns kann dieses kleine bisschen verbleibende Kraft in sich finden, die so viel ausmacht.

Natürlich ist es manchmal leichter, in eine „Opfer"-Rolle zu verfallen und sich gemäß den gesellschaftlichen Erwartungen zu verhalten, wobei man das damit verbundene Mitgefühl erfährt. Am Anfang ist das natürlich unvermeidbar. Ich habe auch nach jeder Verkündung schlechter Nachrichten eine Woche als „Opfer" verbracht aufgrund der emotionalen Schmerzen und der überwältigenden Furcht, die einfach die Rolle des pragmatischen Denkens übernehmen, das ich normalerweise beherrsche und anwende. Wir sind keine Übermenschen oder Roboter. Wir sind verletzlich und zerbrechlich. Nach einer solchen Woche, in der ich mich völlig auf die Verzweiflung einließ, musste mein Handlungsmodus eingeschaltet werden, und dieses Einschalten trug aktiv dazu bei, dass ich weitergehen konnte. Ich sehe keinen Sinn darin, längere Zeit im „Opfer"-Status zu bleiben. Leute mögen dir ihr Mitgefühl zeigen, und Mitgefühl ist menschlich. Es liegt im Herzen der Mehrheit in der Gesellschaft und wird unmittelbar dann benötigt, wenn man schlechte Nachrichten erhält. Menschen um sich zu haben, die Fürsorge und Verständnis zeigen, mildert den Schock und hilft an den schrecklichen Tagen danach. Aber nach einer gewissen Zeit ist diese Empathie nur hinderlich für jemanden, der sich sehr bemüht, aktiv zu seiner Heilung beizutragen. Sie hat keinen positiven Wert mehr, da sie die Betroffenen nur daran erinnert, wie bedauerlich und ungerecht ihre Situation ist.

Ich verstehe absolut, wie hilflos sich Familie und Freunde in einer solchen Situation fühlen können. Es ist nicht leicht, zur rechten Zeit das Richtige zu sagen. Es gibt keine Worte, die den Schmerz beschreiben können, den ein Krebspatient fühlt. Möglicherweise zieht sich dein Freund oder deine Verwandte zurück in die Isolation und antwortet nicht auf deine Nachrichten. Es ist eine sehr menschliche Reaktion, nach so einem Schlag keinen Kontakt mit irgendjemandem haben zu wollen. Vielleicht versucht jemand, die Situation zu deuten, und jede „falsche" Äußerung von anderen kann eine sehr emotionale Reaktion auslösen. Das ist sehr irritierend für wohlmeinende Menschen, nicht zu wissen, was der richtige Ansatz ist, um die Gefühle der Freundin oder des Verwandten nicht zu verletzen. Ich kann dir aber versichern, dass es nicht den einen richtigen Weg gibt, mit dieser heiklen Situation umzugehen. Es mag bizarr klingen, aber einfache Kopfschmerzen können für einen Krebspatienten „Hirnmetastasen" bedeuten. In meinem Kopf bezieht sich ein neues Symptom direkt auf die Rückkehr oder Ausbreitung der Krankheit. Versuche nicht, die ernsthafte Furcht deines Freundes oder deiner Verwandten herunterzuspielen, sondern behandle sie mit größtem Verständnis. Wenn erst einmal die eigene Existenz bedroht ist, wird die Wahrnehmung verbreiteter Symptome nie wieder so sein wie vor der Diagnose. Manchmal sind unsere Möglichkeiten, welchen Rat wir jemandem nach einer solchen Diagnose geben können, einfach begrenzt. Der Satz „du kommst da schon durch" sagt oft jemandem mitten in der Entwicklung des Krebses nicht viel. Ich denke spontan, wenn mir jemand so etwas sagt: „Woher willst du wissen, dass es wieder gut wird?" Ganz vernünftig frage ich mich, wie diese wohlmeinende Person mir versichern kann, dass sich alles zum Guten wenden wird. Wenn jemand, der dieselbe Reise hinter sich hat, mir sagt, „es wird schon gut gehen", fühlt sich das glaubwürdiger an. Manchmal ist es besser, nichts zu sagen und einfach da zu sein, anstatt zur falschen Zeit das Falsche zu sagen.

Als ich diese Zeilen schreibe, weiß ich seit 14 Wochen von meiner Diagnose, und es ist sehr überraschend, wie viele gutgesinnte Menschen mir von einem ihrer Bekannten erzählt haben, der an Krebs gestorben ist. Das geht überhaupt nicht. Man erzählt nicht jemandem, der potenziell der eigenen Sterblichkeit begegnet, dass man einen Arbeitskollegen, einen Freund, eine Tante, einen Nachbarn oder ein Elternteil durch Krebs verloren hat. Was denkst du, welchen Effekt das auf denjenigen hat, der das hört? Was bleibt ihnen als Ausweg, nachdem jede Hoffnung oder Anregung mit einem einzigen gedankenlosen Satz ausgelöscht worden ist? Ich stehe weder für den Prostatakrebs deines Großvaters noch für den

Bauchspeicheldrüsenkrebs deines Onkels. Jede Person hat ihren eigenen Krebs, und die Pathologie ist so vielfältig, dass es keinen Sinn hat, meinen Krebs mit dem von irgendjemand anderem zu vergleichen. Das ist einer der Gründe, weshalb ich mich immer mehr abschotte, weil solche Äußerungen mich nur an meine eigene Verletzlichkeit erinnern. Wenn du wirklich deinen Freund oder deine Verwandten beruhigen willst, erzähl ihnen lieber von einem Bekannten, der Krebs überlebt hat und dem es 5 oder 10 Jahre später gut geht.

Ein weiterer Kommentar, der mich immer wieder irritierte, war die beiläufige Frage: „Was sagen oder denken die Ärzte?" Anfangs verstand ich nicht, warum diese Frage mir unangenehm war. Einmal während der zwölfstündigen Infusion durch meinen Port dachte ich ausführlich darüber nach, warum diese Frage mich so sehr störte. Ich kam zu dem Schluss, dass diese Frage nie gestellt wird, wenn die Diagnose etwa Asthma oder Diabetes lautet, weil diese Krankheiten nicht mit Sterblichkeit assoziiert werden. Die gesellschaftliche Wahrnehmung von Krebs ist anders, und die enge Verbindung mit dem Tod ist sehr deutlich. Wenn mich jemand fragt, „was denken die Ärzte?", übersetze ich das unglücklicherweise in meinem Kopf als Frage danach, ob ich geheilt werde oder nicht, was nur ein anderer Ausdruck dafür ist, ob ich überleben oder sterben werde. Diese Frage ist nicht hilfreich für den Patienten, da sie ihn nur herunterzieht, während er bereits sehr niedergeschlagen sein kann, wobei die Fragenden sich nur in den Vordergrund drängen.

Offenbar wird jeder zweite Mensch früher oder später eine Krebsdiagnose erhalten. Das ist eine riesige Zahl. Vielleicht weiß ich jetzt etwas, das ich 10 Jahre lang nicht wusste. Vermutlich trug ich die Anfänge des Krebses schon während meiner Schwangerschaften in mir. Wir alle haben Krebszellen, die durch unseren Körper treiben, aber sie werden ständig effizient beseitigt durch ein funktionierendes Immunsystem. Du magst es noch nicht wissen, aber du könntest auch Krebs haben, ohne es bemerkt zu haben. Du wirst nicht „krank", nur weil etwas in einem Befund steht. Ich sehe mich als jemand mit einer behandelbaren Krankheit, und ich definiere mich in keiner Weise als „krank". Wie bei jeder anderen chronischen Krankheit werde ich regelmäßige Folgeuntersuchungen haben, um meinen Zustand unter Kontrolle zu halten. Wir alle vergessen, wie verletzlich wir sind und dass wir täglich Risiken ausgesetzt sind, auch lebensbedrohlichen. Es gibt keine Garantien im Leben. Wir würden in Angst leben, wenn wir uns darauf konzentrierten, was schiefgehen kann, wodurch es wahrscheinlicher wird, dass ein solches Problem tatsächlich auftritt.

Eine andere wunderbare Freundin von mir, Iman, hat mich daran erinnert, dass ich, solange ich noch nicht auf den Knien bin, immer noch eine Wahl habe. Ich habe die lähmende Nachricht vor vielen Wochen erhalten. Was ich damit anfange, liegt ganz bei mir. Ich muss mir die Frage stellen: Bin ich jetzt krank? Und bin ich jetzt auf den Knien? Sterbe ich jetzt? Die Antwort auf all diese Fragen ist Nein, und an diesem Punkt beginnt die Entschlossenheit mich zu wehren.

Erst wenn ich wirklich auf den Knien bin, unfähig aufzustehen, weil ich wirklich krank bin, dann werde ich mich als krank bezeichnen, und selbst dann werde ich höchstwahrscheinlich dieselbe entschlossene Kämpferin sein. Heute bin ich völlig in der Lage alle Maßnahmen zu ergreifen, um zu meinem Schicksal beizutragen.

॰

Kapitel fünf

Haltung ist eine kleine Sache, die einen großen Unterschied macht.
Winston Churchill

Die zweite Welle.

Die Wände sind weiß und kalt. Ich sitze in einem Wartezimmer mit dieser vertrauten, übermächtigen Angst. Um mich herum reden die Leute über die zweite Welle. Ich kann das auf einer anderen Ebene nachempfinden. Meine zweite Welle beginnt ebenfalls. Es ist ein Déjà-vu, ich fühle, dass ich die Situation besser beherrsche, auch wenn das Ausmaß des Kollateralschadens noch ungewiss ist. Das medizinische Personal bittet mich in die Scan-Einrichtung und mein Herz pocht.

Ein paar Wochen waren vergangen seit der letzten Behandlung, und langsam kamen mein Appetit und meine Energie zurück. Meine Kinder waren wieder in meinen Armen und ich fühlte mich glücklich und heil. Ich hatte es endlich geschafft, die Verwaltungsaspekte der Krankheit zu regeln. Die aufgelaufenen medizinischen Rechnungen wurden nicht alle von meiner Krankenversicherung übernommen. Ich fand den Umgang mit der Bürokratie in meinem physisch angegriffenen Zustand erdrückend. Ich hätte jemanden für diese Aufgabe abstellen sollen. Während die Angst im Hinterkopf immer noch sehr frisch war, tauschte ich mich regelmäßig mit meiner Psychotherapeutin aus. Ich trat einer postonkologischen Sportgruppe bei, durch die ich Leute kennenlernte, die eine Krebsbehandlung hinter sich hatten. Ich beschloss, das Training in mein Leben zu integrieren, und rasch fiel mir auf, dass ich nicht einmal Turnschuhe besaß. Das letzte Mal, dass ich irgendeine Art von Sport getrieben hatte, war vor zehn Jahren gewesen, bevor ich Kinder hatte. Ich war immer davon ausgegangen, dass ständige körperliche Aktivität dasselbe war wie Sport, aber das stimmte nicht. Ich brauchte diese Zeit für mich, ohne Kinder, Arbeit und Alltagssorgen. Ich nahm mir vor, mit einem regelmäßigen Trainingsplan zu beginnen, langsam aber sicher, weil das für meinen Geist und meinen Körper so wichtig war. Ich musste meinen Körper wieder in den bestmöglichen Zustand bringen, um eine Rückkehr des Krebses zu verhindern. Das Leben um uns herum war auch augenscheinlich wieder normal, die Geschäfte liefen wie gewohnt.

Als der November sein Gesicht zeigte, stiegen die Covid-Fälle rund um die Welt und die zweite Welle wurde offiziell. Während die Nachbarländer wieder in teilweisen oder vollen Lockdown gingen, blieb Luxemburg trotz Zunahme der Fallzahlen offen. Natürlich war die Furcht, eine simple Infektion zu bekommen – gar nicht zu reden von Covid – ein erschreckender Gedanke für alle Krebspatienten. Die Medienberichte, die wir seit dem Beginn der

Pandemie gesehen haben, waren schlimm genug, um jeden zu ängstigen, ob mit Krebs oder ohne. Menschen, die alleine in Isolation starben ohne ihre Angehörigen, waren ein verbreitetes Szenario in den Medien. Während des ersten Lockdowns hatte ich ein intaktes Immunsystem, und wie für viele andere Leute in meinem Alter wäre es keine große Sache gewesen, sich mit dem neuen Virus zu infizieren. Ein paar Monate später falle ich in die Kategorie mit dem höchsten Gefährdungsgrad. Selbstverständlich hatte ich mir schon ausgemalt, wie ich auf einer einsamen Station liege, mit medizinischem Personal in Schutzkleidung, ohne meine Lieben, in Erwartung des Schlimmsten.

Interessanterweise hatte ich bis November auch den Großteil dieses Buchs abgeschlossen und konnte allmählich wieder gut schlafen. Es war sehr heilsam, endlich einfach wieder die Augen schließen zu können nach zwei Jahren furchtbarer Schlaflosigkeit. Ich führe das darauf zurück, dass ich dieses Buch geschrieben habe. Meine unterdrückten negativen Gefühle sind endlich herausgekommen, und ich kann ohne offensichtliche Sorgen schlafen. Während die Angst in meinem Hinterkopf noch sehr präsent war, fing ich an zu recherchieren, wie ich mehr über meine besondere Krebsart lernen konnte, um einem Rückfall möglichst vorzubeugen. Ich musste schneller sein als dieser aggressive Krebs. Es war ein Wettlauf mit der Zeit. Ohne Rücksicht auf die Kosten erkundigte ich mich, welche Tests und Untersuchungen durchgeführt werden konnten, um bestmöglich gewappnet zu sein, falls es irgendwann zu einem Rückfall kommen sollte. Eine dieser Untersuchungen war ein Chemosensitivitätstest, der voraussagen sollte, welche Medikamente in der Chemotherapie besonders wirksam sein würden gegen meine speziellen Krebszellen. Trotz vieler Fallstricke dieser Methode wollte ich einfach Daten über meine spezifische Krebsart bekommen, die mir in der Zukunft helfen würden. Ob in ein paar Monaten oder in wenigen Jahren, ich musste bereit sein und smarter als mein Krebs.

Nur wenige Wochen nach meiner letzten Therapie bat ich um einen Ultraschall. Irgendwie hatte ich das nagende Gefühl, dass meine Behandlung nicht aggressiv genug war, vor allem, da der Krebs in Stadium 3 war. Auch wenn ich gemäß den aktuellsten evidenz-basierten klinischen Richtlinien behandelt wurde, war ich innerlich beunruhigt, weil mein Krebs von einer besonders schnellwachsenden Art war. Wohlmeinende Freunde sagten mir immer wieder, dass ich mich jetzt beruhigen und weniger aktiv sein sollte, weil ich die schönen Momente des Lebens verpasste, während ich zu viel an diesen Krebs dachte. Ich sollte mich jetzt drei Monate entspannen, denn „was kommt, das kommt", und ändern könne man ohnehin nichts daran. Höre immer auf dein Bauchgefühl, denn das hat meist recht. Ich verstehe schon, dass es gut gemeint ist, jemanden, der an Krebs leidet, daran zu erinnern, dass „wir alle morgen sterben können". Für jemanden, der sich tatsächlich der eigenen Sterblichkeit gegenübersieht, ist so eine Aussage aber verletzend und sollte möglichst vermieden werden.

Während der Onkologe jedes Organ im Ultraschall untersuchte, versicherte er mir ein ums andere Mal, dass meine Organe gesund aussahen ohne verdächtige Anzeichen. Als er fortfuhr, konnte ich in seinen Augen sehen, dass etwas nicht stimmte und er womöglich eine Wucherung entdeckt hatte, die nicht dort hingehörte. Dies geschah nur wenige Wochen nach der Behandlung. Ich begann zu fürchten, dass dieser Alptraum wieder von vorne beginnen würde. Wie konnte so kurz nach der Therapie immer noch etwas da sein, genau in dem behandelten Gebiet? Die Strahlenbehandlung sollte mein Inneres in dieser Zone verbrennen. War der Krebs so aggressiv, dass er gar nicht auf die primäre und sekundäre Behandlung ansprach? War dies schon ein Rückfall so kurz nach der Therapie? Der Onkologe verlor keine Zeit und überwies mich schnell für einen dringenden Scan am nächsten Tag. Bis zu diesem Moment glaubte ich, es handele sich wohl um einen lokalen Rückfall, womit mein Krebs weiterhin in Stadium 3 wäre.

Bei dem Scan am nächsten Tag blieb ich überraschend ruhig, wenn man bedenkt, dass sehr wohl schlechte Nachrichten auf mich warten konnten. Nuklearmedizinische Aufnahmen durchgeführt zu bekommen war mir inzwischen vertraut. Dass das Personal aber den Raum verlässt, während das Gerät zu arbeiten beginnt, weckt immer noch kein besonderes Vertrauen darauf, dass diese Prozedur gesund für meinen Körper ist. Noch am selben Tag nahm ich nervös Kontakt zu meinem Onkologen auf, um zu erfahren, was der Scan zeigte. Ich musste einfach wissen, ob ich mich mental auf einen neuen Kampf einzustellen hatte oder ob es ein falscher Alarm war und ich erleichtert aufatmen konnte – erst einmal. Obwohl er sehr beschäftigt war, bot er mir freundlicherweise an, mich gleich nach dem Scan während seiner Visite auf der Chemotherapie-Station zu treffen.

Er bat mich Platz zu nehmen, und wir sahen die Aufnahmen gemeinsam an. Er zeigte mir eine deutlich sichtbare Masse in meinem Becken, aber leider war das nicht alles. Während er weitersprach, fing mein Herz wieder an zu rasen in Erwartung weiterer schlechter Nachrichten. Ich versuchte ihm zuzuhören, aber irgendwie schaltete ich ab, als er mir erklärte, dass der Radiologe auch zufällig ein paar verdächtige Knötchen in meiner Lunge gefunden hatte. Ich hatte das Gefühl, in diesem Moment keine Luft mehr zu bekommen, aber ich versuchte, so weit ruhig zu bleiben, dass ich hören konnte, was er zu sagen hatte. Wir verständigten uns darauf, dass es am besten wäre, wenn ich wieder nach Deutschland führe, damit der gynäkologische Onkologe entscheiden konnte, was wir als nächstes tun sollten. Ich verbrachte das Wochenende mit David und versuchte, mich von diesem möglichen Worst-Case-Szenario abzulenken, während ich schon über das „Was, wenn" nachdachte.

Ich hatte mich schon irgendwie mental auf die Möglichkeit eines metastasierenden Krebses eingestellt, als der Krebs begann sich auszubreiten, sodass der Schock in dieser Situation nicht so groß war, wie er hätte sein können, wenn ich ein sorgenfreies Leben nach dem Krebs geführt hätte. Das innere Bedürfnis, die Initiative zu ergreifen und über die regulären dreimonatlichen gynäkologischen Folgeuntersuchungen hinaus getestet zu werden, hatte von dem Moment an bestanden, als ich erfuhr, dass der Krebs auf das Lymphsystem übergegriffen hatte. Dagegen hatte sich David nicht auf dieses Szenario eingestellt und fiel daher aus einer größeren Höhe als ich.

Mit dieser neuen Information beschloss ich, meine Kinder vor unser Whiteboard zu setzen und so zu tun, als sei ich eine Lehrerin, während sie mitschrieben. Ich erklärte ihnen alles von Grund auf, inszenierte eine Biologiestunde in dieser Situation, um die Stimmung aufzubessern. Ich erklärte ihnen, was Krebs ist, gebrauchte sogar zum ersten Mal DAS Wort. Ich beschrieb, welche Behandlungen bereits durchgeführt worden waren, und sagte ihnen, dass Krebs zurückkommen kann. Ich erläuterte ihnen auch, dass im Fall einer notwendigen weiteren Behandlung noch mehr Medikamente in die Kugel unter meinem Schlüsselbein gehen würden. Ich beruhigte sie, dass ich, falls weitere Medizin nötig sein sollte, sie in Luxemburg bekommen würde und nicht in Deutschland, und dass sie bei mir bleiben konnten, solange niemand krank wurde. Ich erklärte, dass die Medikamente das Immunsystem schwächen und dass Mami besonders vorsichtig sein musste, vor allem wegen des neuen Virus, das umging. Sie stimmten zu, dass sie, immer wenn jemand von ihnen krank war, bei ihrem Vater schlafen würden, um mich zu schützen.

Um meine Kinder irgendwie auf weitere Monate der Ungewissheit vorzubereiten, suchte ich nach Wegen, wie ich die unvermeidlichen Störungen in ihren kleinen Leben so sanft wie möglich halten konnte. Am Tag nach der Enthüllung, dass ich weitere Behandlung brauchte und jetzt vermutlich eine Krebspatientin in Stadium 4 war, ging ich mit den Kindern in ein Elektronikgeschäft, und wir kauften eine tragbare Spielekonsole. Ich fragte sie höflich, ob sie mir die Konsole leihen würden während meiner Chemotherapie-Sitzungen, weil es sehr langweilig war, dort stundenlang zu sitzen. Sie gaben mir die volle Erlaubnis, ihre Videospiele mitzunehmen. Ich versuchte auch, sie darauf vorzubereiten, dass meine Haare höchstwahrscheinlich dieses Mal noch stärker ausfallen würden als bei den ersten Zyklen der Chemotherapie. Um eine radikale Veränderung zu vermeiden, versprach ich ihnen, dass wir, sobald meine Haare von selbst ausfallen, zum Friseur gehen und jeder von den vier Kindern einen Pferdeschwanz abschneiden darf; die Friseurin würde dann den Rest abrasieren. Sie fanden, dass das lustig wäre, wenn die Zeit kam. Ich wies auch darauf hin, dass mir vermutlich wie bei der letzten Behandlung übel würde und ich mich übergeben müsste wegen der Medikamente und dass ich in den nächsten Monaten sehr müde sein würde. Irgendwie musste ich den Boden bereiten, da ohnehin schon zu viele Vorfälle in kurzer Zeit ihre kleine stabile Welt durcheinandergebracht hatten.

Da ich erst kürzlich einen neuen Job angefangen hatte, hatte ich ein sehr schlechtes Gewissen, meinen Arbeitgeber für die bevorstehende Behandlung um Verlängerung meiner Krankschreibung zu bitten. Glücklicherweise war mein Vorgesetzter sehr human und verständnisvoll und versicherte mir, dass jetzt meine Gesundheit vorging und sie auf mich warten würden, um mich nach dieser schweren Zeit mit offenen Armen zu empfangen. Diese Zusicherung war für mich Gold wert, da ich wusste, dass so etwas nicht bei jeder Arbeitsstelle selbstverständlich war.

Nachdem ich zunächst versuchte, mich so gut wie möglich mit David an unserem kinderfreien Wochenende abzulenken, ging ich für weitere Scans ins Krankenhaus, um zu untersuchen, ob der Krebs in der Lunge oder womöglich anderswo Metastasen gebildet hatte. Als ich mit meinem dicken rosafarbenen medizinischen Aktenordner den Flur entlang zu der Einrichtung für den Scan ging, fühlte ich mich sehr unwirklich. Das konnte nicht schon wieder passieren, nicht so bald. Natürlich hoffte ich, dass dies alles nur ein Fehler war und der Scan keine erhöhten Stoffwechselaktivitäten in meinen Zellen finden würde. Tief in meinem Inneren wusste ich, dass es vermutlich kein falscher Alarm war, und nach all den schlechten Nachrichten, die sich in den letzten Monaten angesammelt hatten, kam ich mir nicht vor, als hätte ich gerade eine Glückssträhne. Es schien mir wie eine einfache logische Abfolge von Ereignissen, nachdem der ursprüngliche Tumor nicht aggressiv genug behandelt worden war, abgestimmt auf den Einzelfall, auch wenn es den aktuellen klinischen Richtlinien widersprochen hätte.

Nach dem Scan fuhren David und ich nach Deutschland, um eine zweite Meinung zu dem Fall einzuholen. David blieb die ganze Zeit ruhig und gab mir nie den Eindruck, dass ich um mein Leben fürchten sollte, was in meinen Augen die richtige Strategie war. Zwei ängstliche Menschen, die stundenlang gemeinsam in einem Auto sitzen, das ist keine gesunde Mischung – auch wenn ich im Inneren wusste, dass David auch Angst hatte, mich an diese Krankheit zu verlieren. Ich bin dankbar, dass er immer derjenige war, der mich antrieb weiterzumachen, wenn ich von Selbstzweifeln geplagt wurde, ob ich es durchstehen würde. Ich bin ein glückliches Mädchen mit ihm an meiner Seite und ich glaubte, dass mir bei so viel Liebe, die ich von meinen Kindern, David und dessen Kindern erfuhr, nie etwas Schlimmes zustoßen könne.

Am nächsten Tag erhielten wir die Ergebnisse der Mehrfachscans. Der Onkologe bat uns Platz zu nehmen, und wir warteten, während er sich mit dem Radiologen besprach. Der Konsens der Ärzte in Luxemburg, Deutschland und den USA war ziemlich eindeutig: Die Knoten in der Lunge sahen nach Metastasen aus, und das Wort „unheilbar" traf mich hart. Eine Biopsie dieser Gegend vorzunehmen war zu riskant, weil sie zu einem Kollaps der Lungenflügel führen konnte. Ich wusste nicht, was ich in diesem Moment mit mir anfangen sollte. Während David schockiert neben mir saß, hörte ich einfach zu, was der Arzt zu sagen hatte. Ich war froh, dass noch zwei Ohren zuhörten, weil ich dazu neige abzuschalten, wenn die Information zu brutal wird.

Ich empfand große Eile, die Behandlung so bald wie möglich zu beginnen, um dieses neue Problem loszuwerden. Der Arzt riet mir jedoch, mit dem Behandlungsbeginn ein paar Monate zu warten, weil meine Überlebenswahrscheinlichkeit insgesamt nicht davon abhing, ob ich die Therapie früher oder später startete. Bei allem Respekt für meinen Arzt wollte ich nicht warten, bis einige Monate später klinische Symptome wie Bluthusten auftreten würden, bevor wir diese Zellen attackierten. Ich ertrug einfach den Ansatz des „Abwartens" nicht mehr. Ich musste schneller sein als diese Zellen. Ich musste so schnell wie möglich etwas dagegen tun, vor allem, weil ich wusste, wie schnell diese Art von Krebs wuchs.

Der Doktor stimmte einem Behandlungsplan zu, den ich in Luxemburg in der Nähe meiner Kinder durchführen konnte. Die Fahrt nachhause war angespannt, aber irgendwie hatte ich das Gefühl, dass ich die Lage kontrollierte. Ich war froh, so aktiv gewesen zu sein, dass ich einen Zufallsbefund entdeckt hatte, auch wenn ich jetzt höchstwahrscheinlich als tödlich erkrankte Patientin galt. Die Krebsbehandlung für Patienten in Stadium 4 wird als palliativ bezeichnet.

Viele Leute kennen diesen Begriff im Zusammenhang mit der Optimierung der Lebensqualität für sterbende Patienten. Heutzutage ist dieser Begriff nicht immer mit dem Lebensende verbunden, sondern wird auch verwendet für Behandlung, die neben Heilversuchen durchgeführt wird. Das war die Definition, an die ich mich halten würde. Krebs spielt absolut mit den Gedanken. Er ist eine unsichtbare Krankheit. Leute mit Krebs laufen herum und haben keine Ahnung, bis er so weit fortgeschritten ist, dass er klinische Symptome hervorruft. Krebs zeigt in der Regel keine Symptome. Er ist wirklich äußerst heimtückisch, und Wachsamkeit ist entscheidend. Jahre können vergehen ohne Symptome, von der anfänglichen Diagnose in Stadium 1 bis zum plötzlichen Erreichen von Stadium 4, ohne Vorwarnung.

In der Nacht, wieder zuhause, konnte ich mich einfach nicht vom Internet fernhalten. Ich begann, nach Prognosen und Überlebensraten bei Lungenmetastasen zu suchen. Im besten Fall, selbst bei Behandlung, reichten die von drei bis sechs Monaten. Mein Herz sank, und natürlich geriet ich in Panik und schwor mir, nie wieder solchen Unsinn im World Wide Web zu suchen. Ich wusste es besser. Ich wusste, dass es um mich ging; ich war einzigartig, und das war meine Kraft. Diese Aussage wurde mein Mantra, immer wenn die Realität zuschlug und ich mich wieder in eine morbide Stimmung brachte. Ich bin mehr als einmal durch die Hölle gegangen und mit einem Lächeln zurückgekommen – auf keinen Fall würde dieser Krebs mich umbringen. Merkte er nicht, in wessen Körper er sich niedergelassen hatte? Meine Kinder schliefen ruhig in ihren Betten, während ihre Mutter ernste Todesangst ausstand.

Auch wenn ich zu dieser Zeit keine negativen Gefühle gegenüber Felix hatte, erzeugte die Aussicht auf ein mögliches Todesurteil mehr Zorn und Trauer. Die schmerzhafte Erinnerung an den Stress, den er mir in den 18 Monaten aufgezwungen hatte, nachdem ich seinen Ehebruch entdeckt hatte, und der wiederum zu schwerer Schlaflosigkeit führte, kam wieder hoch in mir. Wie auch nicht? Ich hatte während der zehn Ehejahre gut geschlafen und befand mich plötzlich in einem Zustand von chronischem Stress, wiederum hervorgerufen durch sein Verhalten.

Allein die Vorstellung, dass er der alleinige Versorger meiner Kinder würde, machte mich entschlossen, diese zweite Welle zu überleben. Es war völlig unvorstellbar, dass Felix der hauptverantwortliche Elternteil unserer wunderbaren Kinder werden sollte. Das würde nie geschehen. Daher meine Motivation, den Krebs auseinanderzunehmen, seine Schwachstellen aufzudecken und ihn so gut ich vermochte anzugreifen, ehe er mich angreifen konnte. Von diesem Tag an versicherte ich meinen Kindern immer wieder, dass ich stets für sie da sein werde. Ich versprach ihnen, dass ich eines Tages auch eine Großmutter sein und mich um ihre Kinder kümmern werde. Diese zweite Welle drängte mich auch dazu, dieses Buch abzuschließen, selbst wenn ich wusste, dass ich noch wenigstens weitere 50 Jahre leben würde.

Meine Kinder von der Schule abzuholen war in der ersten Woche sehr schwer. Small Talk mit anderen Eltern war unmöglich. Ich konnte mich nicht mehr beherrschen und weinte nur hemmungslos vor der Schule, während andere Eltern warteten, dass ihre Kinder herauskamen. Ich denke, in diesem Moment wurde mir bewusst, dass die Lage viel schlimmer war, als ich mir je hätte vorstellen können. Genau dort empfand ich die Ungerechtigkeit. Ich hatte gerade eine neue Arbeit begonnen, ich war stabil, ich war verliebt und umgeben von meinen Kindern, und doch war etwas geschehen, das meine idyllische Welt erneut erschüttert hatte. Hatte ich kein Recht auf ein ruhiges, sorgenfreies Leben? Warum scheint es allen um mich herum gut zu gehen, wenn ihre größte Sorge ist, was sie am Abend zu essen kochen sollen?

Wie konnte ich in dieser Parallelwelt gefangen sein, völlig abgelöst von den Problemen der realen Welt, und fürchten, dass ich meine Babys nicht aufwachsen sehen werde? Was, wenn die Behandlung nicht anschlägt? Wie wurde ich innerhalb weniger Monate von einer scheinbar gesunden Mutter zu einer sterbenskranken Patientin? Was, wenn die Prognose stimmte und mein Krebs zu aggressiv war und gewinnen würde, egal, was ich tun mochte? Ich war schließlich auch nur ein Mensch und hatte keine Superkräfte. Ich drückte meine Kinder an diesem Tag besonders fest. Ich schwankte zwischen einer Situation von Kontrolle und Kraft und einem Zustand lähmender Angst. Meine Kinder fühlten die Unsicherheit hinter meinem breiten Lächeln.

Sie spürten die belastende Furcht, wenn ich selbst zweifelte, ob ich es schaffen würde. Der Besuch am Grab meiner Tochter in dieser ersten Woche war sehr heilsam und gab mir Kraft. Es war, als spreche sie zu mir und sagte, dass „alles gut werde". Irgendwie erlangte ich meine verlorene Stärke nach jedem Besuch zurück. Sie gab mir ein Gefühl der Ruhe, bereit, es mit der nächsten Herausforderung aufzunehmen, die vor mir lag. Ich war entschlossen, meinen ungebetenen Untermieter mit aller Kraft hinauszuwerfen.

In der folgenden Woche begann ich den ersten Zyklus einer weiteren fünfmonatigen Chemotherapie. Das medizinische Personal war sehr angenehm, und es war schön, wieder einmal Luxemburgisch zu sprechen. Als ich bei meinem ersten Besuch im Protokoll meiner Chemotherapie nachsah, um sicherzugehen, dass ich die richtige Dosis erhielt, musste ich kichern über einen Kommentar, den der Krankenhausapotheker auf meine Akte geschrieben hatte. Er besagte, dass „die Patientin kompliziert" sei. Ja, das war ich sicher. Während dieser ganzen Krebsreise war ich nicht die einfachste Patientin, da ich immer die kritisch denkende Wissenschaftlerin bleibe, zu der ich ausgebildet worden bin.

Ich stelle alles in Frage und bin nicht in der Lage, die folgsame Patientin zu sein, wie von mir erwartet wird. Ich war in den letzten Monaten bekannt geworden als die schwierige Patientin, und zu recht. Ich muss Fürsprecherin meiner eigenen Gesundheit bleiben, niemand anders als ich selbst wird für mich eintreten.

Ich kümmere mich um meine eigene Versorgung, und diese Beziehung ist sicherlich keine Einbahnstraße. Der Patient muss in der Lage sein, gemeinsam mit dem Arzt eine aufgeklärte Entscheidung über seine eigene Betreuung zu treffen, was leider nicht immer der Fall ist. Trotz des erneuten Unwetters, das mich getroffen hat, schlafe ich immer noch überraschend gut. Das ist für mich das deutlichste Zeichen für emotionale Heilung, die ich dadurch erreicht habe, dass ich dieses befreiende Buch schreibe. Irgendwie musste ich es schreiben, um alles herauszulassen und ein neues Kapitel meines Lebens beginnen zu können.

Die Analyse meines primären Tumors zeigte, dass es sich bei diesem Krebs um eine spontane Erscheinung handelte. Das war sehr wichtig für mich, weil es deutlich macht, dass die Krankheit keine genetische Komponente hatte. Zudem zeigt es, dass in meinen Zellen keine Fehlfunktionen sind, durch die andere Zellen unfähig würden, sich selbst zu reparieren. Dieser Krebs ist allein durch Stress ausgelöst. Die extreme Schlaflosigkeit während 18 Monaten hat mein Immunsystem wesentlich geschwächt, bis es nicht mehr richtig funktioniert hat, sodass irgendwann die Zellen entgleisten und sich endlos vermehrten, bis sich ein Tumor bildete. Es war großartig festzustellen, dass sich das Schlafproblem verflüchtigt hatte und dass ich diesen Teufelskreis dank dieses Buchs durchbrochen hatte. Eins der Hauptelemente, die es diesem Krebs ermöglicht haben sich zu entwickeln, war der intensive chronische Stress nach der Scheidung, und das war nun auch vorbei. Ich bin jetzt in einem ruhigeren, positiveren Zustand, als ich je in meinem Leben war. Selbst inmitten eines neuen beängstigenden Kapitels fühle ich Kontrolle und Zufriedenheit. Ich betrachte meinen Krebs als eine weitere Doktorarbeit, der ich alle meine Kenntnisse und Fähigkeiten widmen kann. Ich sehe den Krebs nicht mehr als unsichtbares Monster, das mir wehtun kann. Ich sehe das alles eher technisch und setze alles darauf, meinen Zustand zu analysieren, soweit ich kann, um die Krankheit auf effizientestmögliche Art und mit der geringstmöglichen Toxizität für meinen Körper loszuwerden.

Kurz nach Beendigung der ersten Behandlung fand ich ein Buch von Jane McLelland. Es war nicht nur die inspirierende Geschichte einer Frau, die ihren Krebs lange Zeit überlebt hatte. Sie brachte das Konzept, „Fürsprecher für ihre eigene Gesundheit" zu sein, auf ein ganz neues Niveau. Ich war angeregt, wenn auch zunächst skeptisch. Potenziell in Stadium 4, was hatte ich zu verlieren? Entgegen meiner vorgeformten professionellen Überzeugungen wagte ich den Versuch. Das Konzept ist sehr wohl evidenzbasiert und lässt sich gemeinsam mit konventionellen Behandlungen wie Chemotherapie, Strahlenbehandlung, chirurgischen Operationen, gezielter Krebstherapie und Immuntherapie anwenden. Es ist keine alternative Behandlung, die pharmazeutische Drogen ablehnt, sondern eine kluge Mischung aus natürlichen Substanzen, Pharmazeutika und konventioneller Krebstherapie, beruht auf Daten und ist nicht einfach ausgedacht.

Was Krebspatienten brauchen, besonders in Augenblicken der Verzweiflung, findet sich auf der Online-Plattform und in dem interaktiven Online-Kurs, die Jane entwickelt hat. Wir alle haben das Bedürfnis, positive Entwicklungsgeschichten zu erfahren. Dr. Martin Inderbitzin, ein Neurowissenschaftler und Krebsüberlebender entgegen aller Erwartungen, hat ein großartiges Projekt mit Interviews von Krebsüberlebenden in aller Welt geschaffen. Das ist genau das, was Patienten trotz der schrecklichen Nebenwirkungen der Behandlung weitermachen lässt, vor allem bei einer Krebsdiagnose im Endstadium, wenn die Ärzte einen Patienten bereits abgeschrieben haben und die düstere Prognose bereits in Monaten messen. Ich selbst verstehe nicht, welchen Wert diese Information für einen Patienten haben kann. Sie zerstört nur jede Hoffnung und untergräbt den Kampfgeist, der vielleicht noch vorhanden ist. Ich sehe ein, dass Ärzte vielleicht dafür sorgen wollen, dass Patienten ihre Angelegenheiten in Ordnung bringen, wenn sie wissen, dass ihre Zeit bald abgelaufen ist, aber ich bin gar nicht einverstanden mit diesem Ansatz. Ärzte sind auch nur Menschen und Patienten sind Individuen und keine Statistiken. Wie viele Patienten haben ihre erwartete Prognose überschritten und sind heute bei guter Gesundheit, trotz aller Erwartungen? Warum nicht ich?

Ich umgab mich zunehmend mit Menschen, die Krebs überstanden hatten und bereit waren, ihre positiven Geschichten mit mir zu teilen. Manchmal hat es einen Grund, warum wir bestimmte Leute treffen. Ich suchte nach Hoffnung, dass ich es auf die andere Seite schaffen würde. Durch eine Freundin lernte ich eine wunderbare junge Frau kennen, die Anne-Sophie heißt. Sie ist strahlend. Die positive Kraft in ihren glänzenden nussbraunen Augen war nicht zu übersehen. Sie war durch die Hölle gegangen und wieder zurück, und viele Jahre später saß sie mir gegenüber und erzählte mir ihre Geschichte. Sie wurde zu einer der vielen Menschen, die ich bewunderte wegen ihrer anhaltenden positiven Beharrlichkeit trotz gewaltiger Widrigkeiten. Die heilende Kraft einer positiven Geisteshaltung sollte man nicht unterschätzen.

Da ich in der klinischen Forschung arbeitete, war ich sehr vertraut mit dem Placeboeffekt. Ich glaube ganz fest an die Wirkung der Kraft positiven Denkens auf unsere Heilung. Dieses Phänomen wird oft in randomisierten klinischen Studien beobachtet, wenn eine Gruppe von Teilnehmenden die experimentelle Substanz erhält, während die andere Gruppe einen unwirksamen Stoff bekommt. Schon der Glaube, das tatsächliche Medikament bekommen zu haben, kann in der Placebogruppe eine vorteilhafte Wirkung auf den Krankheitsverlauf hervorrufen. Das Gegenteil trifft ebenfalls zu und ist ebenso wirksam: Wenn ein Patient sich bereits aufgegeben hat, ohne auch nur einen Versuch zu machen, nur weil ein Arzt in Weiß ihm DEN Vortrag gehalten hat, dann wird der Körper offensichtlich folgen.

Krebspatienten brauchen mehr als Gebete und Wunder. Sie müssen die Initiative ergreifen und unfolgsam sein. Sie müssen das Kommando übernehmen. Sich dem Etikett einer Diagnose und Prognose zu unterwerfen sollte nie eine akzeptable Lösung sein. Natürlich wird nicht jeder in diese Kategorie fallen, und das ist auch in Ordnung. Es sollte keine Form von Druck auf den Patienten ausgeübt werden, dass er „weiterkämpft". Es ist in Ordnung, wenn der Patient müde ist und die Behandlung nicht länger erträgt. Es ist okay, wenn ein Patient beschließt, dass er genug hat und nicht mehr „stark" sein kann, auch wenn die nahestehenden Menschen das erwarten. Diesen Aspekt verstehe ich auch völlig, und es heißt in keiner Weise, dass der Patient versagt hat. Im Gegenteil, man braucht größten Mut, seine Grenzen zu erkennen und sich irgendwie mit dem Ende abzufinden, trotz drängender Erwartungen. Ich konnte aber nicht für einen Augenblick zulassen, dass ich in diese Kategorie rutsche. Ich würde nicht erlauben, dass ein Haufen Zellen in meinem Körper mich meiner Existenz beraubt. Das war nicht meine Bestimmung.

Anne-Sophie erinnerte mich an einen sehr wichtigen Punkt: Der Begriff „unheilbar" bedeutet eigentlich nichts. Genauso wie Diabetes und Asthma, so ist auch Krebs unheilbar. Wenn wir unseren Blickwinkel auf die Krankheit ändern, können wir sie als einen chronischen Zustand ansehen, auf den man sein ganzes Leben einstellen muss wie bei jeder anderen Krankheit, die nicht vollständig geheilt werden kann.

Wachsamkeit ist entscheidend, wenn es um die Prävention von Rückfällen geht. Die Terminologie der Krebs-Community ähnelt der Sprache des Krieges. Wir führen eine Schlacht gegen einen Feind. In den Nachrichten hören wir, dass eine berühmte Persönlichkeit ihren Kampf gegen den Krebs verloren hat. Leider ist eine erhebliche Portion Glück involviert, wenn es darum geht, diese Krankheit zu überleben. Wenn jemand es nicht schafft, heißt das in keiner Weise, dass er nicht hart genug „gekämpft" hat. Es gibt noch so viel, das verstanden werden muss, um diese Krankheit vollständig zu entziffern. Was bei einer Person funktioniert, mag bei der nächsten nichts nützen, weil beim Auftreten und der Entwicklung dieser Krankheit so viele andere interne Faktoren eine Rolle spielen. Wir sind alle einzigartig und sollten daher auch so behandelt werden.

Da ich mir geschworen hatte, in der Zukunft besser auf meine Gesundheit zu achten, unterzog ich mich verschiedener medizinischer Vorsorgeuntersuchungen, um später böse Überraschungen zu vermeiden. Von Überraschungen hatte ich nämlich genug. Ich musste meine Gesundheit vollständig kontrollieren, auch wenn man nie wirklich wissen kann, was im Inneren vor sich geht – wichtig ist die Vorsorge. Nach einer Darmspiegelung, einer Mammografie und einer umfassenden Hautuntersuchung dachte ich weiter. In den letzten Monaten wurde ich oft nach der medizinischen Geschichte meiner Familie gefragt, und mir wurde klar, dass ich diese Information nicht besitze, die für meine Gesundheitsvorsorge von entscheidender Bedeutung sein könnte. Ich gab immer an „keine Informationen vorhanden", wenn ich nach Krebsfällen in meiner Familie gefragt wurde. Ich hatte keinen Zugang zu diesen Informationen, die entscheidend waren für den zukünftigen Umgang mit meiner Gesundheit.

Vor der Sitzung zur genetischen Beratung, bei der es um die Suche nach Genmutationen ging, die eine Veranlagung für Brustkrebs anzeigen könnten, tat ich etwas, das ich nie im Leben für möglich gehalten hätte. Das Labor wollte wissen, ob ich eine Familiengeschichte von Brust- oder Eierstockkrebs hatte. Falls dieser Gentest positiv ausfallen sollte, wäre ich bereit, mich einer vorbeugenden beidseitigen Brustamputation zu unterziehen. Ich wollte keine weiteren Überraschungen erleben. Daher beschloss ich Denise zu kontaktieren, um diese Informationen herauszufinden. Nach zwölf Jahren des Schweigens schrieb ich ihr eine Nachricht, in der ich meine Bitte um diese eine Information darlegte, nichts weiter. Es war eine sehr sachliche und emotionsfreie Nachricht. Sie antwortete, dass unsere Mutter dieser Tage etwas müde war, es ansonsten aber kein weibliches Familienmitglied mit solchen Beschwerden bekannt war. Sie gab mir die Telefonnummer meiner Mutter und meinte, ich solle sie anrufen, falls ich noch mehr wissen wollte.

Da ich nichts zu verlieren hatte und nur gewinnen konnte, nahm ich all meinen Mut zusammen und wählte die Nummer, die ich erhalten hatte. Für jemand, der seit 12 Jahren nicht mehr mit ihrer Mutter gesprochen hatte, war ich sehr ruhig. Bei meinem letzten Anruf hatte sie gefordert, dass ich alles zurücknehmen sollte, was ich auf der Polizeiwache ausgesagt hatte, und verlangt, dass ich in die Kirche gehe und beichte, was ich Nicolas angetan hatte. Ich hatte nicht erwartet, jemals wieder mit ihr zu sprechen. Als das Telefon klingelte, überlegte ich, ob ich auflegen sollte. Was wenn Nicolas als erster rangehen würde? Ich beschloss, dass ich in diesem Fall auflegen würde. Denise ging ans Telefon und fragte, wer ich sei. Ich sagte: „Mary". Sie antwortete „einen Moment", als wäre sie eine Sekretärin, die mich zum Chef durchstellt. Meine Mutter nahm das Telefon und fragte: "Hallo, wer spricht da?" Ich antwortete: „Mary". Sie fragte schockierenderweise: „Meine Tochter?" Ich sagte: „Ja". Sie sagte: „Du fehlst mir so sehr." Ich konnte nichts darauf sagen, sondern begann direkt das inhaltliche Gespräch.

Ich konnte Nicolas im Hintergrund hören. Mit ihr zu sprechen hieß auch mit der Familie hinter ihr zu sprechen; sie war kein Individuum. Ich fragte sie, ob es eine Geschichte von Brust- oder Eierstockkrebs in ihrer Familie gab. Sie sagte, dass sie seit langem einen schmerzhaften Knoten in der Brust hatte und seit drei Monaten ein Antibiotikum bekam, um ihn zu behandeln. Dann fragte ich sie, ob es eine Infektion war, und sie antwortete, der Arzt habe gesagt, es sei Krebs. Ich war schockiert, wusste aber nicht, was ich mit dieser Aussage anfangen sollte. Ich fragte sie, ob es wirklich Krebs sei, denn dann sollte sie ganz sicher kein Antibiotikum zur Behandlung verwenden.

Ich betonte, dass sie dringend eine Operation und/oder Chemotherapie brauchte, andernfalls könnte sie bald sterben. Sie wurde spürbar erregt, obwohl sie eine Ärztin war. Es überraschte mich nicht, dass meine Mutter den Ernst ihrer Lage nicht erkannte, wo sie doch in den letzten dreißig Jahren starke Medikamente eingenommen hatte. Sie war völlig der Gnade ihrer Familie ausgeliefert, und ich konnte ihr nicht helfen. Wie konnte sie Krebs haben und keine Chemotherapie erhalten? Wie war das überhaupt möglich? Sah Nicolas darin eine gute Gelegenheit sie endlich loszuwerden? Warum taten die anderen Kinder nichts dagegen? Die meisten arbeiteten ja auch im Gesundheitssektor. Was hat „etwas müde sein" mit „Brustkrebs" zu tun? Wie lange hatte sie diesen Knoten schon?

Mir brach das Herz, und ich weinte bei dem Gedanken, dass ihre eigene Familie sie einfach sterben ließ. Ich hatte keine negativen Gefühle ihr gegenüber. Sie verdiente kein solches Leben im Elend. Sie hatte einen Tyrannen geheiratet und war in eine Lage gekommen, aus der sie sich nicht befreien konnte. Ich fühlte mich machtlos. Ich konnte nicht weitergehen, ohne den Teufel hinter ihr aufzuwecken. Vielleicht war mein Mitgefühl umso größer, da meine Mutter und ich jetzt unglücklicherweise denselben Kampf teilten, nur dass sie gar nicht kämpfte. Ich stellte sie mir vor mit den Schmerzen in ihren letzten Augenblicken, während ihr Inneres langsam von diesem Krebs besetzt wurde. Aber trotz meines großen Bedauerns für ihre Situation war ich erleichtert, dass ich ihr etwas Freude bereitet hatte, als sie meine Stimme hörte. Vielleicht war es das letzte Mal in ihrem Leben. Für mich war dieser Moment jedenfalls ein Abschluss.

Nach der ersten Chemotherapie-Sitzung fühlte ich mich gut, und so beschloss ich, den medizinischen Perückenladen aufzusuchen. Ich nahm David mit auf diese etwas ungewöhnliche Samstagnachmittag-Verabredung. Es war für beide von uns etwas ganz Besonderes. Dieser Ausflug beinhaltete eine sehr tiefe Verbindung. Ich probierte viele verschiedene dunkelbraune Perücken auf. Ich versuchte es mit synthetischen und Naturhaarperücken. Obwohl es für David und mich eine äußerst bewegende Unternehmung war, amüsierten wir uns sehr. In diesem Moment war ich mir sicher, egal wie die Behandlung mich körperlich beeinträchtigen mochte, dass dieser Mann, der dort saß und mich beobachtete, wie ich Perücke um Perücke aufsetzte, mich schön finden würde. Ich hatte keinen Zweifel, dass sein liebevolles Lächeln aufrichtig war. In meinen dunklen Momenten des Selbstzweifels war David immer da, um mir zu versichern, dass alles gut wird und es gar keine andere Möglichkeit gibt. Ich glaubte wirklich, dass mir in diesem Moment nichts Schlimmes widerfahren konnte. Ich war einfach glücklich in diesem gegenwärtigen Augenblick, ohne Ansehen von Vergangenheit und Zukunft. Am selben Tag schenkte David mir ein wunderschönes Armband mit blauen und weißen Diamanten. Dieses Armband sollte mein Talisman sein und mich wohlbehalten durch die kommenden schwierigen Monate bringen. Einige Chemotherapie-Zyklen später erhielt ich einen guten Scan, was nur als ein Gefühl der Wiedergeburt zu beschreiben ist. Auch wenn die Zukunft unsicher ist, erst einmal beschließe ich dieses merkwürdige Jahr mit kahlem Kopf und frohem Herzen. Mein Onkologe war sehr erfreut und optimistisch, was mir wiederum hilft, meine positive Einstellung aufrecht zu erhalten.

Kapitel sechs

Niemand ist du, und das ist deine Stärke, nimm sie dir.
David Grohl

Alles wird gut.

Ich glaube fest daran, dass Dinge aus bestimmten Gründen zu einer bestimmten Zeit passieren. Wir können nichts erzwingen. Wir wissen nicht, warum uns heute ein Missgeschick zustößt und wie es unsere Zukunft beeinflussen wird; die Zeit wird es zeigen. Ich nehme die Ungewissheit an und glaube, dass hellere Tage auf mich warten. Ich wurde vor diese schwierigen Situationen gestellt aus Gründen, deren Bedeutung ich damals nicht wusste. Durch das Schreiben dieses Buchs habe ich in vieler Hinsicht einen Abschluss gefunden. Ich hege keine negativen Gefühle mehr. Ich bin endlich frei und kann meine ganze Aufmerksamkeit dem widmen, auf das es im Leben wirklich ankommt. Meine Tochter, mein Schutzengel, wacht über mich. Ich werde nicht nur überleben, sondern es wird mir gut gehen, entgegen aller Erwartungen. Niemand ist ich, und das ist meine Stärke. Bei der Veröffentlichung, als ich meinen ersten Entwurf las, war ich in Zwiespalt mit mir selbst. Die Perfektionistin in mir wollte ein solides Manuskript einreichen, als hätte ich einen wissenschaftlichen

Artikel geschrieben. Die furchtsame Mutter in mir empfand jedoch, dass diese Seiten, die geschrieben wurden, während das Trauma seinen Lauf nahm, gerade dadurch ihre Authentizität bewahrten.

Heute bin ich sehr dankbar, dass ich noch aufrecht stehe und lächle. Über die Jahre habe ich die Fähigkeiten entwickelt, auch in den schwierigsten Situationen das Positive zu sehen, und ich trage aktiv zu meinem Glück und dem meiner Kinder bei. Ich will verantwortlich sein für mein Überleben, indem ich nicht zulasse, dass die ungebetenen Kämpfe des Lebens auf mir herumtrampeln, ganz gleich, wie schwer es ist. Das ist ein bewusster Entschluss. Morgen ist ein neuer Tag, und ob es ein guter Tag wird oder nicht, es ist in meiner Macht, ihn zu einem besseren Tag zu machen als den vergangenen. Das Leben ist ein wertvolles Geschenk, dessen Schicksal nur du selbst bestimmen kannst. Deine Einstellung zu den misslichen Hindernissen, auf die du triffst, liegt ganz in deiner Hand. Nutze die Stärke einer positiven Haltung, du bist stärker, als du je dachtest, dass du es sein könntest. Lächle dir selbst zu, auch wenn dir nicht danach ist. Das sendet ein Signal an dein Gehirn, dass alles in Ordnung ist. Ganz gleich, wie viele dieser Unglücksmale du auf die Stirn gedrückt bekommst, drinnen liegt die Fähigkeit großen persönlichen Wachstums. In uns allen liegen Entschlossenheit, Zutrauen und Widerstandsfähigkeit. Ich bin in keiner Hinsicht etwas Besonderes. Glaube daran, dass du es schaffst, und dein Körper wird dir folgen.

Ich glaube wirklich, dass, wenn du im Leben Gutes tust, dir im Gegenzug Gutes geschehen wird. Ich habe immer danach gelebt, und das gibt mir definitiv ein Gefühl des inneren Friedens. Trotz aller Widrigkeiten, die ich erlebt habe und in Zukunft erleben werde, bleibe ich freundlich und vertrauensvoll. Lächeln hat nie jemandem wehgetan. Es kostet nichts und wird viel zu wenig eingesetzt in der gehetzten Gesellschaft unserer Zeit. Vielleicht kann ein zufälliges Lächeln einem Fremden Freude bereiten, ohne dass wir uns dessen bewusst sind. Das Leben geht weiter, und wenn (nicht falls) ich den Krebs überstanden habe, verspreche ich, dass ich anderen helfen werde, die in meiner Lage waren oder noch sind. Ich bin hier, um dir zu sagen, dass auch du durchkommen kannst. Lass los, vergib, und auch wenn es sehr schwer ist zu vergessen: Einen Abschluss zu finden, indem wir Frieden schließen mit allen negativen Emotionen, ist der einzige Weg nach vorn, dazu gibt es keine Alternative. Das Leben ist wunderschön, wenn du die Augen öffnest und einmal innehältst und siehst.

Lass mich dir Kraft wünschen,
Mary

Verzeichnis medizinischer Fachbegriffe

Adrenalin	Ein Hormon der Nebennieren, auch als „Kampf-oder-Flucht"-Hormon bekannt. Es wird unter anderem ausgeschüttet als Reaktion auf eine stressvolle, bedrohliche Situation
Chemosensitivitätstest	Ein Labortest, der die Zahl der Krebszellen misst, die bei der Chemotherapie abgetötet werden. Dieser Test wird durchgeführt, um die geeignetste Substanz für die Therapie eines spezifischen Tumors zu bestimmen
Chemotherapie	Behandlung mit chemischen Substanzen, die Krebszellen abtöten oder ihre Vermehrung verlangsamen
Cortisol	Das wichtigste Stresshormon des Körpers, das unter anderem als Antwort auf bedrohliche Situationen ausgeschüttet wird
CT-Scan	Computertomografischer Scan, bei dem Computer mittels eines rotierenden Röntgengeräts Querschnittsaufnahmen des Körpers erstellen
Gezielte Krebstherapie	Eine Krebsbehandlung, die auf spezifische Gene oder Proteine zielt, die beim Wachstum und Überleben der Krebszellen eine Rolle spielen
Immuntherapie	Eine Krebsbehandlung, die das körpereigene Immunsystem zum Kampf gegen die Krankheit einsetzt
Kampf-oder-Flucht-Reaktion	Akute Reaktion des Körpers auf Stress, gekennzeichnet durch Herzrasen, beschleunigte Atmung und starre Körperhaltung, bereit zum Handeln
Lymphknoten	Kleine Drüsen, in denen die Lymphe gefiltert wird (eine klare Flüssigkeit, die durch das Lymphsystem strömt)
Lymphsystem	Netz von Geweben und Organen, die dem Körper bei der Beseitigung von Giftstoffen und der Bekämpfung von Infektionen hilft

Verzeichnis medizinischer Fachbegriffe

Metastasen	Entwicklung sekundärer Krebswucherungen abseits des ursprünglichen (primären) Tumors
MRT-Scan	Magnetresonanztomografie-Scan, bei der sehr starke Magnetfelder und Radiowellen eingesetzt werden, um detaillierte Aufnahmen von Geweben und Organen zu erstellen
NED	Keine Anzeichen für Krankheit (Abk. für No Evidence of Disease)
Pap-Test	Routineverfahren, um Zellen aus dem Gebärmutterhals zu gewinnen und Vorstufen von Krebszellen zu finden
PET-Scan	Positronenemissionstomografie-Scan, erzeugt dreidimensionale Farbbilder von der Stoffwechselaktivität in den Zellen
Prognose	Der erwartete Krankheitsverlauf
Radiotherapie	Krebstherapie mit ionisierender Strahlung, die Krebszellen abtötet
REM-Schlaf	Rapid-eye-movements-Schlaf (Schlaf mit schnellen Augenbewegungen) ist eine Schlafphase, in der vermutlich das Gedächtnis gefestigt wird
Überlebensrate	Oft angegeben als ein Zeitraum von 5 Jahren ab der ersten Diagnose oder Behandlungsbeginn, nach der ein bestimmter Prozentsatz der Mitglieder einer Gruppe noch lebt
Umgewidmete Medikamente	Einsatz von Medikamenten für Krankheiten außerhalb der ursprünglich genehmigten Verwendungszwecke
Weiße Blutzellen	Zellen des Immunsystems, die beim Schutz des Körpers vor Infektionen eine Rolle spielen

Nützliche Kontakte

Kontaktadresse der Autorin:
dr.mary.faltz@gmail.com

Website: www.maryfaltz.com
Facebook: Dr. Mary Faltz
Instagram: dr_mary_faltz
Twitter: Dr. Mary Faltz
LinkedIn: Mary Faltz, MPharm, PhD

Nützliche Links und Kontakte (Luxemburg und Deutschland)

Hilfetelefon Sexueller Missbrauch (Bundesministerium für Familie, Senioren, Frauen und Jugend) 0800 22 55 530 (kostenlos innerhalb von Deutschland) https://nina-info.de/hilfetelefon.html

N.I.N.A. (Nationale Infoline, Netzwerk und Anlaufstelle zu sexueller Gewalt an Mädchen und Jungen) www.save-me-online.de

Femmes en détresse
www.fed.lu
organisation@fed.lu

Child protection
www.childprotection.lu

ECPAT
www.ecpat.lu
ecpat-luxembourg@ecpat.lu

Police grand-ducale 'Protection de la Jeunesse'
Tel: 12321

BEE SECURE Stopline
www.stopline.bee-secure.lu
BEE SECURE Helpline
Tel: 26 64 05 44

Kanner Jugend Telefon (KJT)
Tel: 116 111
www.kjt.lu

Ombuds-Comité fir d'Rechter vum Kand (ORK)
www.ork.lu

Office national de l'enfance (ONE)
www.one.public.lu

Service central d'assistance sociale (SCAS) - service d'aide aux victimes
Tel: 47 58 21 1

SOS Détresse
Tel: 45 45 45

ALUPSE
www.alupse.lu

Krebs-Selbsthilfe der Deutschen Krebshilfe
www.krebshilfe.de/helfen/rat-hilfe/selbsthilfe/

Frauenselbsthilfe Krebs
www.frauenselbsthilfe.de/

Fondation Cancer
Tel: 45 30 331
fondation@cancer.lu

Centre de réhabilitation post oncologique du Château de Colpach
Tel: 27 55 43 00

Groupes Sportifs Oncologiques
info@sportifsoncologiques.lu
Tel: 691 12 12 07

Cérémonie des étoiles- Maternité G-D Charlotte
chl@chl.lu

Ich würde mich freuen, wenn du eine Online-Rezension von diesem Buch teilen würdest. Wenn wir alle dazu beitragen, eine größere Leserschaft zu erreichen, dann erhöhen wir damit das Bewusstsein für das Problem des sexuellen Kindesmissbrauchs und geben anderen Menschen Kraft, die sich gerade in einer Notlage befinden.

Mein tägliches Dankbarkeitsjournal

DATUM:

5 Dinge, für die ich dankbar bin:
1. _____
2. _____
3. _____
4. _____
5. _____

4 Dinge, auf die ich mich freue:
1. _____
2. _____
3. _____
4. _____

3 Dinge, die ich heute erreicht habe:
1. _____
2. _____
3. _____

2 Menschen, für die ich dankbar bin:
1. _____
2. _____

Eine fantastische Sache, die diese Woche passiert ist:
_____
_____
_____

LOVEOURMINDS.COM

Printed by Amazon Italia Logistica S.r.l.
Torrazza Piemonte (TO), Italy